中华人民共和国行业标准

公路沥青路面养护设计规范

Specifications for Maintenance Design of Highway Asphalt Pavement

JTG 5421—2018

主编单位：交通运输部公路科学研究院
批准部门：中华人民共和国交通运输部
实施日期：2019 年 03 月 01 日

人民交通出版社股份有限公司

律师声明

本书所有文字、数据、图像、版式设计、插图等均受中华人民共和国宪法和著作权法保护。未经人民交通出版社股份有限公司同意,任何单位、组织、个人不得以任何方式对本作品进行全部或局部的复制、转载、出版或变相出版。

任何侵犯本书权益的行为,人民交通出版社股份有限公司将依法追究其法律责任。

有奖举报电话:(010)85285150

北京市星河律师事务所
2017 年 10 月 31 日

图书在版编目(CIP)数据

公路沥青路面养护设计规范:JTG 5421—2018 / 交通运输部公路科学研究院主编. — 北京:人民交通出版社股份有限公司,2018.12

ISBN 978-7-114-15201-6

Ⅰ.①公… Ⅱ.①交… Ⅲ.①沥青路面—公路养护—设计规范 Ⅳ.①U418.6-65

中国版本图书馆 CIP 数据核字(2018)第 279201 号

标准类型:中华人民共和国行业标准
标准名称:公路沥青路面养护设计规范
标准编号:JTG 5421—2018
主编单位:交通运输部公路科学研究院
责任编辑:丁 遥
责任校对:宿秀英
责任印制:张 凯
出版发行:人民交通出版社股份有限公司
地　　址:(100011)北京市朝阳区安定门外外馆斜街 3 号
网　　址:http://www.ccpress.com.cn
销售电话:(010)59757973
总 经 销:人民交通出版社股份有限公司发行部
经　　销:各地新华书店
印　　刷:北京市密东印刷有限公司
开　　本:880×1230 1/16
印　　张:4.5
字　　数:89 千
版　　次:2019 年 1 月 第 1 版
印　　次:2020 年 1 月 第 3 次印刷
书　　号:ISBN 978-7-114-15201-6
定　　价:40.00 元

(有印刷、装订质量问题的图书,由本公司负责调换)

中华人民共和国交通运输部

公 告

第 81 号

交通运输部关于发布《公路沥青路面养护设计规范》的公告

现发布《公路沥青路面养护设计规范》(JTG 5421—2018)，作为公路工程行业标准，自 2019 年 3 月 1 日起施行。

《公路沥青路面养护设计规范》(JTG 5421—2018) 的管理权和解释权归交通运输部，日常解释和管理工作由主编单位交通运输部公路科学研究院负责。

请各有关单位注意在实践中总结经验，及时将发现的问题和修改建议函告交通运输部公路科学研究院（地址：北京市海淀区西土城路 8 号，邮政编码：100088）。

特此公告。

中华人民共和国交通运输部
2018 年 11 月 19 日

交通运输部办公厅　　　　　　　　　　　　　　　　2018 年 11 月 22 日印发

前　言

根据交通运输部《关于下达 2011 年度公路工程标准制修订项目计划的通知》（厅公路字〔2011〕115 号）的要求，由交通运输部公路科学研究院承担《公路沥青路面养护设计规范》（JTG 5421—2018）的制定工作。

针对我国公路沥青路面养护设计工作亟待规范和提升的现状，编写单位充分总结吸纳交通运输部及各省（自治区、直辖市）近年来公路养护专项研究成果及公路养护设计的成功经验，通过国内外调研和工程化验证，建立了公路沥青路面养护设计技术体系，提出了符合我国实际情况的公路沥青路面养护设计方法，完成了《公路沥青路面养护设计规范》（JTG 5421—2018）的编制任务。本规范立足于标准化的工作流程，并在路况专项调查与评价、养护类型划分、病害原因诊断、养护对策选择、结构组合设计、方案综合比选等方面提出了系统的分析及设计方法，可有效指导公路沥青路面养护设计工作，促进公路养护决策的科学化和制度化。

本规范共分为 7 章和 4 个附录，分别是：1 总则；2 术语；3 基本规定；4 调查与评价；5 病害诊断与养护对策选择；6 技术设计；7 施工图设计；附录 A 沥青路面养护设计数据调查方法；附录 B 常用沥青路面修复养护结构组合类型；附录 C 全寿命周期费用分析（LCCA）计算方法；附录 D 沥青路面养护工程施工图设计文件组成。

本规范由王松根负责起草第 1 章及第 2 章，李强负责起草第 3 章，杨屹东、赵宝平负责起草第 4 章，林翔、常成利负责起草第 5 章，王闻、薛忠军负责起草第 6 章，刘振清、刘伟亮、张玉宏负责起草第 7 章，刘刚负责起草附录 A，王庆负责起草附录 B，曹晓峰负责起草附录 C，毕玉峰负责起草附录 D。

请各有关单位在执行过程中，将发现的问题和意见，函告本规范日常管理组，联系人：李强（地址：北京市海淀区地锦路 9 号院 7 号楼；邮编：100095；电话：010-82364092；传真：010-62375021；电子邮箱：liqiang@ roadmaint.com），以便修订时参考。

主 编 单 位：交通运输部公路科学研究院
参 编 单 位：公路养护技术国家工程研究中心（中公高科养护科技股份有限公司）
　　　　　　　　河北省高速公路管理局
　　　　　　　　北京市交通委员会
　　　　　　　　吉林省公路管理局
　　　　　　　　山东省交通运输厅

湖北省交通运输厅公路管理局
广东省交通集团有限公司
山东省交通规划设计院

主　　　编：王松根
主要参编人员：李　强　杨屹东　林　翔　常成利　赵宝平
　　　　　　　王　闻　薛忠军　刘振清　刘伟亮　张玉宏
　　　　　　　王　庆　曹晓峰　毕玉峰　刘　刚

主　　　审：曹荣吉
参与审查人员：王秉纲　刘伯莹　黄晓明　王　林　傅　琴
　　　　　　　潘豫萍　潘向阳　张晓冬　薛　文　刘保平
　　　　　　　王文俊　李　炎　陈飞捷　马松林　张金喜
　　　　　　　台电仓　王子鹏　王艳军
参　加　人员：刘敬东　蔡业青　张志毅　李海军　史　磊
　　　　　　　杨　宁　吕厚全

目　次

1 总则 ·· 1
2 术语 ·· 2
3 基本规定 ··· 4
　3.1 设计原则 ··· 4
　3.2 设计流程 ··· 4
　3.3 设计年限 ··· 4
4 调查与评价 ·· 7
　4.1 一般规定 ··· 7
　4.2 基础资料调查与分析 ·· 7
　4.3 路面技术状况检测与评价 ·· 8
　4.4 预防养护专项数据检测与分析 ·· 9
　4.5 修复养护专项数据检测与分析 ·· 10
　4.6 施工图设计相关资料调查 ··· 12
5 病害诊断与养护对策选择 ·· 13
　5.1 一般规定 ·· 13
　5.2 养护类型划分 ·· 13
　5.3 设计单元 ·· 14
　5.4 病害原因诊断 ·· 14
　5.5 预防养护对策选择 ·· 16
　5.6 修复养护对策选择 ·· 16
6 技术设计 ·· 18
　6.1 一般规定 ·· 18
　6.2 结构组合设计 ·· 18
　6.3 结构厚度验算 ·· 19
　6.4 方案综合比选 ·· 19
7 施工图设计 ··· 21
　7.1 一般规定 ·· 21
　7.2 材料组成设计 ·· 21
　7.3 结构力学验算 ·· 21
　7.4 排水系统设计 ·· 22
　7.5 交通组织设计 ·· 22

7.6 其他设计	23
7.7 施工图设计文件编制	23
附录 A 沥青路面养护设计数据调查方法	24
附录 B 常用沥青路面修复养护结构组合类型	33
附录 C 全寿命周期费用分析（LCCA）计算方法	36
附录 D 沥青路面养护工程施工图设计文件组成	40
本规范用词用语说明	45
附件 《公路沥青路面养护设计规范》（JTG 5421—2018）条文说明	47
1 总则	49
3 基本规定	50
4 调查与评价	52
5 病害诊断与养护对策选择	54
6 技术设计	56
7 施工图设计	58
附录 C 全寿命周期费用分析（LCCA）计算方法	60

1 总则

1.0.1 为适应公路养护发展的需要,提高沥青路面养护设计水平,制定本规范。

1.0.2 本规范适用于各等级公路沥青路面预防养护及修复养护设计,不包括日常养护、公路改扩建及应急养护工作。专项养护工程路面设计可根据工程技术特点参照执行。

1.0.3 公路沥青路面养护设计应包括调查与评价、病害诊断与养护对策选择、技术设计和施工图设计等内容。

1.0.4 公路沥青路面养护设计应按照设计流程,利用路面技术状况数据及专项检测数据,开展病害原因诊断及养护对策选择工作,并通过技术及经济比选推荐合理的养护方案。

1.0.5 公路沥青路面养护设计宜采用新技术、新材料、新工艺、新设备。对涉及工程质量和安全的新技术、新材料、新工艺和新设备,尚无相关标准参照的,应经过试验论证审查后方可规模化使用。

1.0.6 公路沥青路面养护设计除应符合本规范的规定外,尚应符合国家和行业现行有关标准的规定。

2 术语

2.0.1 养护标准值 maintenance criteria
用于划分养护类型的路面技术状况设定值。

2.0.2 养护设计分类 maintenance classes
根据设计单元的养护目的及养护对象确定养护类型，分为预防养护及修复养护两类。

2.0.3 路面修复养护 corrective maintenance
在沥青路面出现明显病害或部分丧失服务功能的情况下，为恢复路面技术状况而进行的修复性养护工程，分为功能性修复及结构性修复两类。

2.0.4 功能性修复 functional corrective
针对路面结构的一般性损坏和功能衰减进行定期维修，以恢复至不低于路面原有技术状况的养护工程。

2.0.5 结构性修复 structural corrective
针对沥青路面结构整体或部分发生严重破损或使用功能严重丧失的路段，实施的以修复沥青路面病害，恢复路面功能且不低于原路面结构承载能力为目的的养护工程。

2.0.6 路面预防养护 pavement preventive maintenance
针对路面整体性能良好但有轻微病害，为延缓性能过快衰减、延长使用寿命而预先采取的主动防护工程。

2.0.7 网级路况评价 network pavement condition assessment
针对公路网定期开展公路技术状况检测工作，对各路段单元技术状况进行的评价。

2.0.8 评价单元 evaluation unit
评定沥青路面技术状况的最小路段长度。

2.0.9 设计单元 design unit
开展沥青路面养护设计的最小单位,由评价单元合并而成。

2.0.10 典型病害 typical distress
设计单元内出现频率最高或折合破损面积最大的 1~3 种路面病害类型。

3 基本规定

3.1 设计原则

3.1.1 公路沥青路面养护设计应遵循分段设计、分类处理的基本要求。

3.1.2 公路沥青路面养护设计方案应考虑路况、结构、材料、施工、荷载、环境、经济、安全等方面因素，经过综合比选及评审后，合理确定。

3.1.3 公路沥青路面养护设计实行动态设计，设计单位应及时跟踪公路病害发展情况，并根据需求进行设计变更。

3.1.4 对满足预防养护实施条件的设计单元，应积极采用预防性养护措施。

3.1.5 公路沥青路面养护设计应合理利用既有路面结构，积极采用路面材料循环利用及节能环保的养护新技术。

3.2 设计流程

3.2.1 公路沥青路面养护设计应按调查与评价、病害诊断与养护对策选择、技术设计及施工图设计的流程开展工作。

3.2.2 公路沥青路面养护设计流程应按图3.2.2进行。

3.3 设计年限

3.3.1 公路沥青路面养护设计应根据养护目标，结合现有路况特点提出设计年限要求。

3.3.2 公路沥青路面结构性修复设计年限应参照表3.3.2选用，有特殊要求时可适当调整。

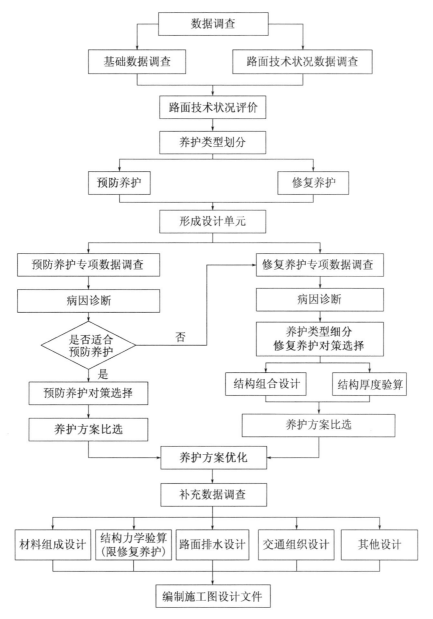

图 3.2.2 公路沥青路面养护设计流程图

表 3.3.2 公路沥青路面结构性修复设计年限（年）

公 路 等 级	设 计 年 限	公 路 等 级	设 计 年 限
高速公路、一级公路	10～15	三级公路	6～10
二级公路	8～12	四级公路	5～8

3.3.3 结构性修复设计年限应综合考虑交通状况、路面使用性能、养护目标等因素进行选择，作为路面结构验算的计算参数。

3.3.4 公路沥青路面功能性修复预期使用年限应参照表 3.3.4 选用，有特殊要求时可适当调整。

表 3.3.4 公路沥青路面功能性修复预期使用年限（年）

公 路 等 级	使 用 年 限	公 路 等 级	使 用 年 限
高速公路、一级公路	5~8	三级公路	3~4
二级公路	4~6	四级公路	3~4

3.3.5 功能性修复预期使用年限应与养护目标相匹配，结构组合设计时应选择能够满足预期使用年限要求的结构组合形式及材料类型。

3.3.6 预防养护的预期使用年限应根据交通荷载等级、原路状况、投资计划和选用的技术措施等因素合理选择，宜为 2~5 年。

4 调查与评价

4.1 一般规定

4.1.1 调查应包括基础资料调查、路面技术状况检测、专项数据检测及施工图设计相关资料调查等内容。

4.1.2 基础资料及路面技术状况数据应在既有资料的基础上按需开展调查。专项数据应在各设计单元确定养护类型后,根据具体养护需求开展检测。施工图设计相关资料应在养护方案确定后,在施工图设计阶段按要求开展检测。

4.1.3 调查与评价应针对评价单元进行,评价单元的长度可根据路段实际情况确定,宜为1 000m。存在特殊情形时,评价单元的长度可不受上述长度限制。

4.2 基础资料调查与分析

4.2.1 基础资料应包括技术标准、养护信息、交通状况、自然条件、经济参数、筑路材料等,如表4.2.1所示。

表4.2.1 基础资料收集项目

序号	收集项目	详细内容
1	技术标准	公路等级、设计标准、路面结构、几何线形、横断面形式等
2	养护信息	养护历史、历年路况检测数据及主要病害类型、历史处治措施及效果等
3	交通状况	历年交通量、交通组成数据、事故多发路段、轴载谱等
4	自然条件	气候、地形地貌、水文地质等
5	经济参数	人工费用、运输成本、地方经济指标等
6	筑路材料	材料来源、材料质量、材料单价等
7	其他资料	工程用水电、工程便道、绕行路线等

4.2.2 既有路面结构形式应综合技术标准及养护信息数据进行确认。各种已实施养护措施的使用效果应综合分析历年路况检测数据、交通状况及自然条件等数据得到。

4.2.3 交通量和交通组成数据应至少包含最近 3 年的交通量观测资料。轴载谱数据应采用专用轴载调查设备进行连续检测，若条件不具备时可进行抽样调查。轴载谱数据调查及分析方法应符合现行《公路沥青路面设计规范》（JTG D50）的相关规定。

4.3 路面技术状况检测与评价

4.3.1 养护设计时应采用检测时间不超过 6 个月的路面技术状况数据，否则应按现行《公路技术状况评定标准》（JTG H20）的相关规定重新检测。

4.3.2 路面技术状况数据的检测要求应根据公路等级的不同进行区分，并符合表 4.3.2 的要求。

表 4.3.2 路面技术状况数据检测要求

序号	数据类型	高速公路、一级公路		二级、三级、四级公路	
		需求	范围	需求	范围
1	路面损坏	应	全线、分车道	应	全线、单向
2	路面平整度	应	全线、分方向	应	全线、单向
3	路面车辙	应	全线、分车道	宜	全线、单向
4	路面抗滑性能/路面磨耗	应	全线、分方向	宜	全线、单向

注：1. 二级公路路面损坏数据可根据需要确定是否分方向进行检测。
　　2. 路面抗滑性能和路面磨耗数据可根据检测设备条件二者取一。

4.3.3 路面技术状况数据宜采用自动化检测设备进行采集，不具备条件时可采用人工检测。路面技术状况数据检测应符合表 4.3.3 的规定，人工检测方法可参照本规范附录 A.1。

表 4.3.3 路面技术状况数据检测方法

序号	数据类型	检测设备要求	数据存储单元	数据项目
1	路面损坏	自动化检测系统/人工检测	病害明细	病害类型、桩号位置、破坏形态、严重程度、影响面积等
2	路面平整度	自动化检测系统/三米直尺	10m	国际平整度指数
3	路面车辙	自动化检测系统/横断面尺	10m	车辙深度、车辙破坏形态等
4	路面抗滑性能	自动化检测系统/摆式仪/动态摩擦力系数仪	10m	横向力系数、摆值、动态摩擦力系数
5	路面磨耗	自动化检测系统/铺砂法	10m	构造深度

4.3.4 路面损坏宜采用自动化检测设备进行检测,并根据现行《公路技术状况评定标准》(JTG H20)的要求,计算路面损坏状况指数(PCI)、破损率(DR)等,统计各评价单元的典型病害类型。

4.3.5 国际平整度指数(IRI)应采用自动化检测设备检测得到,并根据现行《公路技术状况评定标准》(JTG H20)的要求,计算路面行驶质量指数(RQI)。在不具备自动化检测的条件下,可采用三米直尺测量路面的最大间隙,并利用表4.3.5对检测结果进行评价。

表 4.3.5 路面平整度评定标准

技术等级	优	良	中	次	差
RQI	≥90	≥80,<90	≥70,<80	≥60,<70	<60
三米直尺(mm)	≤10	>10,≤12	>12,≤15	>15,≤18	>18

4.3.6 路面车辙数据应采用自动化检测设备或人工检测得到,并根据现行《公路技术状况评定标准》(JTG H20)的计算方法,计算单位路段长度平均车辙深度(RD)及车辙深度指数(RDI)。

4.3.7 路面抗滑性能数据应采用自动化检测设备或人工检测得到,并根据现行《公路技术状况评定标准》(JTG H20)的计算方法,计算单位路段长度路面抗滑性能指数(SRI)。

4.3.8 横向力系数(SFC_{60})、构造深度(TD)、摆值(BPN)及动态摩擦系数(DFT_{60})等检测指标可与交工验收标准相比较,分析路面抗滑性能。

4.4 预防养护专项数据检测与分析

4.4.1 采用预防养护的设计单元,应结合路况特点,针对路表面结构层病害分布特点、纹理特征、材料特性及路面结构渗水状况等开展专项检测工作。

4.4.2 路表面出现轻微裂缝的设计单元,应对其裂缝发展层位、发展形态、影响面积进行调查,分析裂缝产生原因。

4.4.3 抗滑性能不良的设计单元,应对其路表面纹理特征及表面层集料性能进行调查,判断引起路面抗滑性能不良的原因。

4.4.4 存在唧浆、坑槽等水损坏病害的设计单元,应对其路表面沥青混合料空隙率及渗水性能进行调查，判断路面沥青混合料的封水效果。

4.5 修复养护专项数据检测与分析

4.5.1 采用修复养护的设计单元，应结合路况特点，开展修复养护专项数据检测工作。

4.5.2 修复养护专项数据检测要求应符合表4.5.2的规定。

表4.5.2 修复养护专项数据检测要求

序号	数据类型	高速公路、一级公路		二级、三级、四级公路	
		需求	范围	需求	范围
1	路面结构强度	应	全线、分方向	应	全线、分方向
2	结构层完整性	应	抽样、分方向	应	抽样、分方向
3	筑路材料性能	应	抽样、分方向	可	抽样、单向
4	路面结构参数	应	抽样、单向	可	抽样、单向
5	排水系统状况	应	抽样、分方向	应	抽样、分方向

4.5.3 修复养护专项检测宜采用自动化检测结合人工检测的方式开展，各项数据的检测要求应符合表4.5.3的规定。其中，钻芯取样方法应符合本规范附录A.2的规定，探地雷达检测方法应符合本规范附录A.3的规定，排水系统状况调查方法应符合本规范附录A.4的规定。

表4.5.3 修复养护专项数据检测方法

序号	数据类型	检测设备要求	抽样频率	数据项目
1	路面结构强度	落锤式弯沉仪、自动弯沉仪、贝克曼梁弯沉仪等	不小于20点/（km·车道）	弯沉值、弯沉盆等
2	结构层完整性	钻芯取样、探地雷达等	附录A.2（取芯） 附录A.3（雷达）	病害发展层位、病害发展形态、各结构层完整性、结构层厚度、层间黏结情况等
3	筑路材料性能	材料试验	不小于1点/（km·车道）	沥青老化程度、沥青混合料劈裂强度、沥青含量、空隙率、无机结合料无侧限抗压强度、路基土质分析、路基土含水率、CBR等
4	路面结构参数	落锤式弯沉仪、承载板	不小于1点/（km·车道）	结构层模量
5	排水系统状况	人工检测、钻芯取样/挖坑观测、渗水仪检测等	全线（人工检测）抽样（试验检测）	排水设施完好性、渗水系数等

注：1. 可根据实际需求对抽样数量进行适当加密。
2. 养护类型判定为功能性修复的路段，可不开展路面结构参数及路基材料性质的检测。

4.5.4 利用落锤式弯沉仪或其他弯沉仪检测路面弯沉值指标,应换算成现行《公路路基路面现场测试规程》(JTG E60)规定的回弹弯沉值,并计算路面结构强度指数($PSSI$)。

4.5.5 路面结构层完整性应通过钻芯取样数据进行评价,探地雷达图谱等无损检测数据可进行辅助分析。

4.5.6 病害原因诊断应利用钻孔或切割取得的试样开展材料性能试验。试验要求应符合表4.5.6的规定。

表4.5.6 材料性能试验要求

序号	结构层位	试验项目	试验方法及要求
1	面层	混合料劈裂强度; 沥青针入度、延度、软化点; 沥青含量; 矿料级配等	将沥青面层分离后,分别针对各结构层材料开展试验
2	基层	无侧限抗压强度; 材料组成分析等	针对完整的半刚性基层芯样整体进行无侧限抗压强度试验及组成分析; 针对基层发生松散破坏的位置开展材料组成分析
3	路基	土质分析; 含水率; CBR试验等	对高填方或存在路基软弱层位的路段,应检测路基土材料性质,检测深度应达到软弱层位以下或填方层位以下

4.5.7 对严重的变形类病害,应在破坏位置开展钻芯取样及材料试验等调查工作,通过对各结构层厚度变化情况、沥青混合料力学特性及物理性质变化情况等因素进行分析,判断变形发生层位及产生原因。

4.5.8 既有路面结构参数检测项目应根据路面损坏状况确定:
1 对既有路面破损不严重且结构强度充足的路段,应检测各结构层模量,可采用弯沉盆反演或芯样实测的方法获得。
2 对既有路面破损严重或结构强度不足的路段,应检测路面表面或去除破坏层位后的整体模量,可采用弯沉盆反演或承载板实测的方法获得。

4.5.9 公路排水系统调查应包括路界地表排水设施调查、路面内部排水设施调查、路界地下排水设施调查等。各种设施的使用要求应符合现行《公路排水设计规范》(JTG/T D33)的相关规定。

4.6 施工图设计相关资料调查

4.6.1 应在技术设计完成后进行施工图设计相关资料调查。

4.6.2 施工图设计补充数据调查要求宜符合表 4.6.2 的规定。

表 4.6.2 施工图设计补充数据调查要求

序号	数据类型	调查项目	调查数据要求
1	路线参数	线形特点	路线平面图、纵断面图、横断面图等
2	路面病害	详细病害	绘制路面病害分布图
3	路基设施	路缘石	记录路缘石破损位置及破损程度
4		路肩	路肩病害状况、路肩硬化或植草绿化状况等
5		路基边坡	路基边坡破坏位置及严重程度
6		排水设施	边沟完整性、排水沟堵塞位置、穿村路段排水沟形式等
7		中央分隔带	排水状况、植被完整性等
8	交通工程及沿线设施	护栏	护栏高度、护栏损坏位置、设置不合理路段、护栏缺失路段等
9		路面标线	标线缺失位置、标线设置不合理位置等
10		交通标志	交通标志信息连续性、标志可视性、非公路标志位置等
11		平面交叉	平交道口渠化是否合理、被交道场地硬化状况、道口桩设置状况等
12		里程碑	百米桩、公里碑是否完整、齐全，信息是否连续
13		路域环境	穿村路段路宅分离设置是否合理、有无公路街道化现象、公路绿化是否完整美观等
14	桥梁、隧道、涵洞		高程、净空、承载能力
15	其他		施工图设计文件编制要求的其他调查项目

5 病害诊断与养护对策选择

5.1 一般规定

5.1.1 各设计单元的养护对策应在开展专项数据调查、确定病害发展层位、诊断病害产生原因、判断病害发展趋势后进行选择。

5.1.2 路面病害原因诊断应综合考虑路况专项检测数据、交通荷载、气候环境、施工质量等因素。

5.1.3 养护对策选择应最大限度利用既有路面结构,并对结构层中的病害进行处治。

5.2 养护类型划分

5.2.1 利用路面技术状况数据对评价单元进行评价分析后,可将各评价单元划分为预防养护及修复养护等养护类型,划分方法应符合表5.2.1的规定。

表 5.2.1 评价单元养护类型划分方法

值 域 范 围				养护类型
PCI	RQI	RDI	SRI	
≥A1	≥B1	≥C	<D	预防养护
		<C	—	修复养护
	B2~B1	—	—	预防养护
	<B2	—	—	修复养护
A2~A1	≥B2	—	—	预防养护
	<B2	—	—	修复养护
<A2	—	—	—	修复养护

5.2.2 表5.2.1中各指标值域应根据各评价单元的建养历史、交通状况、养护水平、路况现状及养护目标等因素综合确定。在缺少相关数据及经验的情况下,可参考表5.2.2的取值范围。

表 5.2.2 养护标准值参考范围

公路等级	值域范围					
	PCI		RQI		RDI	SRI
	A1	A2	B1	B2	C	D
高速公路、一级公路	90	85	90	85	80	75
二级公路、三级公路	85	80	85	80	80	—
四级公路	80	75	—	—	—	—

5.3 设计单元

5.3.1 设计单元应由性质相似且空间连续的评价单元合并而成，应考虑的因素包括路面类型、横断面形式、养护历史、交通状况、路面技术状况、养护类型等。

5.3.2 应针对设计单元开展病害诊断与养护对策选择工作。

5.3.3 设计单元长度宜满足养护施工最小长度的要求，便于后期养护管理工作。

5.4 病害原因诊断

5.4.1 病害原因诊断应根据设计单元的养护类型，按本规范第 4.4 节及第 4.5 节的要求进行专项数据调查和分析。

5.4.2 病害原因诊断应确定各设计单元的典型病害类型、病害发展层位及其产生原因。

5.4.3 根据病害发生的层位不同，沥青路面病害可分为路基结构不稳定、基层结构破坏、沥青面层结构破坏及沥青表面层性能衰减等类型。

5.4.4 路面病害产生原因应基于建养历史、交通荷载、路况特点和专项调查结果，并结合经验进行综合判断。

5.4.5 路面病害原因诊断结果应与路况和专项调查结果相互匹配，病因诊断分析可参考表 5.4.5。

表 5.4.5 路面病害原因诊断

序号	病害原因类型	典型病害类型	病害位置专项调查结果	主要原因分析
1	路基结构不稳定	变形，沉陷； 严重纵向裂缝； 唧浆等	1. 路表面破坏严重，纵向裂缝较长； 2. 路基土含水率大，土质不均匀； 3. 路基土强度不足	1. 温度应力导致路基拼接缝开裂； 2. 路基土质不良导致不均匀沉陷； 3. 软土地基结构承载能力不足
2	基层结构破坏	龟裂，块裂； 横向裂缝； 纵向裂缝； 严重车辙； 唧浆等	1. 病害发展至基层； 2. 基层松散破坏； 3. 路面结构强度不足； 4. 基层材料无侧限抗压强度偏低； 5. 裂缝发展形态为下宽上窄	1. 基层结构疲劳破坏； 2. 温度应力导致基层开裂； 3. 水分渗入基层产生水损坏
3	沥青面层结构破坏	龟裂，块裂； 横向裂缝； 纵向裂缝； 车辙； 推移； 坑槽等	1. 基层结构完整； 2. 沥青面层整体开裂； 3. 结构厚度及空隙率变化较大； 4. 面层与基层脱离； 5. 面层沥青混合料劈裂强度偏低； 6. 裂缝发展形态为上宽下细； 7. 渗水系数偏大	1. 沥青面层温度应力裂缝； 2. 沥青面层疲劳裂缝； 3. 沥青面层抗剪强度不足； 4. 层间黏结不良； 5. 沥青面层材料压密流动变形； 6. 水损坏
4	沥青表面层性能衰减	抗滑不良； 泛油； 松散； 轻微车辙； 细微裂缝等	1. 构造深度不足； 2. 石料磨光值不足； 3. 表面层沥青混合料空隙率变小	1. 表面层材料压密变形； 2. 表面层石料磨光； 3. 表面层沥青黏附性下降； 4. 表面层沥青老化变质

5.5 预防养护对策选择

5.5.1 预防养护对策应根据预防养护专项数据调查结果，结合路面结构使用年限、公路等级、交通荷载等级、外观要求、施工水平等因素综合考虑，并进行技术经济分析比选后合理选择。

5.5.2 预防养护措施预期使用年限及应用条件可按表5.5.2-1、表5.5.2-2的规定进行选择。

表5.5.2-1 预防养护措施预期使用年限

措施	含砂雾封层	稀浆封层	微表处	碎石封层	纤维封层	复合封层	超薄磨耗层	薄层罩面
时间（年）	2	2~3	2~3	2~3	2~3	3~4	3~4	3~5

表5.5.2-2 预防养护措施应用条件

公路等级	交通荷载等级	预防养护措施							
		含砂雾封层	稀浆封层	微表处	碎石封层	纤维封层	复合封层	超薄磨耗层	薄层罩面
高速公路、一级公路	重及以上	△	×	★	×	×	★	★	★
	中及以下	★	×	★	△	△	★	★	★
二级及以下公路	重及以上	△	△	★	△	△	★	★	★
	中及以下	★	★	★	★	★	★	★	★

注：★-推荐，△-谨慎推荐，×-不推荐。

5.5.3 开展预防养护工程前，应先修复既有路面病害。

5.6 修复养护对策选择

5.6.1 修复养护对策应根据修复养护专项数据调查结果，结合路面病害发展程度、路面结构强度、病害原因诊断及结构层完整性评价结果等因素综合考虑，并进行技术经济分析比选后合理选择。

5.6.2 路面修复养护类型划分及养护对策选择可参照表5.6.2进行。

5.6.3 开展修复养护工程前，应综合病害类型、分布范围、病害层位及产生原因等因素，合理确定既有路面病害的处治措施。

表 5.6.2 路面修复养护类型划分及养护对策选择

养护类型划分	适 用 性 条 件			建议养护对策
	病害原因类型	路面结构完整性评价	整体结构强度	
功能性修复	表面层性能衰减	基层及中下面层保持完好，多数病害未贯穿表面层结构	满足	直接加铺罩面 直接加铺碎石封层＋罩面
	表面层性能衰减	基层及中下面层保持完好，表面层发生较大面积损坏	满足	表面层铣刨重铺
		基层及中下面层保持完好，多数病害未贯穿表面层结构	不足	直接加铺补强
结构性修复	面层结构破坏	基层保持完好，面层整体发生较大面积损坏	满足	沥青面层铣刨重铺
		基层保持完好，面层整体发生较大面积损坏	不足	面层铣刨，基层补强
	路基结构不稳定基层结构破坏	基层或底基层发生较大面积破坏	不足	路基、路面结构重建

注：1. 根据路面技术状况和病害发生层位确定铣刨厚度。
2. 沥青面层铣刨重铺包括铣刨一层加铺两层、铣刨两层重铺两层或三层、铣刨三层重铺三层等类型。
3. 整体结构强度应结合弯沉检测、承载板、钻芯取样等数据综合判定。

6 技术设计

6.1 一般规定

6.1.1 养护类型确定为修复养护的设计单元应开展技术设计，包括结构组合设计、结构厚度验算、方案综合比选等内容。

6.1.2 技术方案应根据各设计单元的养护类型，结合设计年限、交通量分析结果和当地实际情况等因素进行综合比选，并推荐方案。

6.1.3 各设计单元养护方案确定后，应根据便于施工、经济合理的原则对设计单元进行优化合并。

6.2 结构组合设计

6.2.1 结构组合设计应根据设计单元的养护类型，综合考虑病害诊断结果、养护投资计划、养护经验和典型结构等因素。

6.2.2 结构组合设计除应满足现行《公路沥青路面设计规范》（JTG D50）的相关要求外，还应结合既有路面病害程度及养护需求情况，有针对性地开展设计。常用的沥青路面修复养护结构组合类型及结构厚度范围可参考本规范附录B。

6.2.3 沥青面层结构组合设计应符合下列规定：
1 既有路面水损坏严重的路段，宜采用透水性沥青混凝土下面层加密实沥青混凝土表面层的组合形式提高路面结构的排水性能。
2 既有路面裂缝较多的路段，可适当增加加铺层厚度，并设置应力吸收层，下面层宜采用性能良好的骨架嵌挤型混合料。
3 重车比例较大的路段，可采用改性沥青结合料，添加抗车辙改性剂，采用粗粒式级配类型等，提高加铺结构高温稳定性。

6.2.4 基层及底基层结构组合设计应符合下列规定：
1 路面高程不受限制时，宜采用现场冷再生的方式对破损基层进行修复，结合料类型可包括水泥、石灰、粉煤灰、乳化沥青或泡沫沥青等,再生层可作为新路面结构底基层或基层,其上可加铺无机结合料稳定类材料或沥青碎石材料作为补强层。

2 不具备基层现场再生条件时,宜优先考虑对既有路面基层材料进行厂拌冷再生,用于新路面结构基层或底基层。

3 对地下水位过高、原基层或底基层受污染或季节性冰冻地区的潮湿路段,宜在底基层底部增设相应功能层。

6.2.5 路面各结构层的层间黏结应符合下列规定:

1 在新铺沥青面层与无机结合料稳定类基层结构之间应设置透层及封层。透层材料可采用稀释沥青或乳化沥青等;封层可采用改性沥青碎石封层、改性乳化沥青碎石封层或稀浆封层等。

2 沥青面层之间应设置黏层,黏层材料可采用改性乳化沥青、乳化沥青、改性沥青或道路石油沥青等。

3 新加铺沥青面层与既有沥青面层之间,可采用拉毛处理后加铺封层的方式提高层间黏结效果,封层材料可采用橡胶沥青、改性沥青等。

6.2.6 既有路面表面或铣刨层位下卧层病害应进行处治。

6.3 结构厚度验算

6.3.1 各设计单元的修复养护设计方案宜按现行《公路沥青路面设计规范》(JTG D50)中的方法进行结构厚度验算。

6.3.2 路基路面结构重建的养护方案应按新建路面进行结构厚度验算,其他类型的修复养护方案宜按改建路面进行结构厚度验算。

6.3.3 既有路面结构的设计参数应根据室内外试验检测结果确定,新铺各结构层参数可借鉴已有的试验资料或工程经验确定。

6.4 方案综合比选

6.4.1 方案比选应从技术和环境因素、经济因素、交通因素等方面综合分析,推荐合理的养护方案。

6.4.2 技术和环境因素比选时,应综合考虑路面使用性能、施工难易程度、施工工期、环境保护与资源节约效果、施工技术水平等因素。

6.4.3 经济因素比选时，可采用全寿命周期经济分析方法计算的初期养护投资、后期养护费用等，具体计算方法参见本规范附录C。

6.4.4 交通因素比选时，应综合考虑施工期绕行线路及道路使用者费用、封闭交通时间、交通组织方式等因素。

7 施工图设计

7.1 一般规定

7.1.1 应按本规范第4.6节的要求进行补充数据调查后,根据优化方案开展施工图设计。

7.1.2 施工图设计应包括材料组成设计、结构力学验算、路面排水设计、交通组织设计、其他设计等内容。

7.1.3 施工图设计完成后,应参照现行《公路工程基本建设项目设计文件编制办法》的要求编制施工图设计文件。

7.2 材料组成设计

7.2.1 沥青路面材料配合比应根据确定的养护方案,结合当地筑路材料供应状况开展设计,并提出材料的质量要求。

7.2.2 路面材料应根据沿线料场分布和材料性能检测结果,并结合材料性能要求和地区路面使用经验进行合理选择。

7.2.3 筑路材料应进行现场取样,按现行《公路沥青路面设计规范》(JTG D50)等相关规范的要求,并结合实际养护需求,进行混合料的配合比设计。

7.2.4 应按现行《公路沥青路面施工技术规范》(JTG F40)和《公路沥青路面再生技术规范》(JTG F41)等的相关规定,明确混合料的施工工艺要求。

7.3 结构力学验算

7.3.1 路面结构力学验算应符合现行《公路沥青路面设计规范》(JTG D50)的相关规定。

7.3.2 应按各结构层混合料的最终设计参数开展结构力学验算，必要时可调整路面结构厚度及结构层材料。

7.4 排水系统设计

7.4.1 存在排水不良或排水设施损坏的路段，应根据路况调查结果，结合水文及地质情况，开展排水系统设计。

7.4.2 路面表面排水不良的路段，应对现有排水系统进行改造，可采用边沟加宽加深、疏通堵塞、调整横坡、增设排水管等方式。

7.4.3 路面结构内部排水不良的路段，应完善结构内部排水系统，可采用增设排水盲沟、铺设排水结构层、设置封层及相应功能层等措施。

7.4.4 路基排水不良的路段，应对路基排水系统进行改造；地下水位过高时，应在路基结构中设置排水层。

7.4.5 路面结构形式采用透水性材料或排水层的路段，应按现行《公路排水设计规范》（JTG/T D33）的方法及要求开展排水设计。

7.4.6 应做好中央分隔带防排水设计。对中央分隔带防排水系统已发生破坏的路段，应重做防水层，修复排水通道。

7.5 交通组织设计

7.5.1 应在施工图设计阶段同步开展交通组织设计，并在施工图设计文件中明确交通组织方案。

7.5.2 交通组织设计应综合考虑项目路段交通量、交通组成、施工工期、工程实施时间、周边道路通行条件等因素。有特殊要求的养护工程应进行多方案综合比选。

7.5.3 公路养护作业控制区布置、安全设施配备及养护安全作业应符合现行《公路养护安全作业规程》（JTG H30）的相关规定。

7.5.4 养护作业控制区应综合考虑机械设备作业条件、对交通通行的影响等因素，结合中央分隔带开口、互通式立体交叉或平面交叉出入口的具体位置，进行合理设置。

7.6 其他设计

7.6.1 应根据需要开展与路面养护工程相关的其他项目的施工图设计工作,包括路线设计、路基设计、桥涵和隧道维修加固设计、交通工程及沿线设施设计等。

7.6.2 其他项目设计应严格按照我国相关技术规范的要求开展。

7.6.3 对结构性修复养护工程,应提出横断面设计技术要求,绘制路线平面图,必要时应开展纵断面设计;对功能性修复及预防养护工程,除有特殊需求外,可不开展路线设计。

7.7 施工图设计文件编制

7.7.1 应根据施工图设计成果编制养护工程施工图设计文件。

7.7.2 施工图预算的编制应符合现行《公路养护工程预算编制导则》(JTG H40)的相关规定。

7.7.3 施工图设计文件的组成及内容应满足本规范附录D的要求。

附录 A 沥青路面养护设计数据调查方法

A.1 路面病害人工调查

A.1.1 开展路面病害人工调查及路面破损状况评定时，应根据现行《公路技术状况评定标准》（JTG H20）的相关规定，详细记录各个路面病害的位置（包括路面横向位置和纵向桩号）、类型、严重程度以及损坏长度或面积，并绘制出路面病害分布图。详细调查病害的类型及现场记录表格可参考表 A.1.1-1、表 A.1.1-2。

表 A.1.1-1 病害分类及图例

序号	病害类型	图例 轻	图例 中	图例 重	计量单位
1	龟裂	*L	*M	*H	面积（m²）
2	块状裂缝	#L	—	#H	面积（m²）
3	纵向裂缝	∣L	—	∣H	长度（m）
4	横向裂缝	—L	—	—H	长度（m）
5	坑槽	△L	—	△H	面积（m²）
6	松散	※L	—	※H	面积（m²）
7	沉陷	∨L	—	∨H	面积（m²）
8	车辙	∪L	—	∪H	长度（m）
9	波浪拥包	≈L	—	≈H	面积（m²）
10	泛油	S			面积（m²）
11	块状修补				面积（m²）
12	横向裂缝修补				长度（m）
13	纵向裂缝修补				长度（m）
14	唧浆	◎			面积（m²）

表 A.1.1-2 详细损坏调查记录表

桩 号	距右侧边线距离（m）	是否轮迹带	病害描述	车 道	备 注

A.1.2 龟裂病害划分为轻、中、重三个等级，并应分别记录各等级龟裂的面积。在路面的相同区域内存在不同等级的龟裂病害且难以区分时，应按最严重的病害等级计

算。龟裂病害如图 A.1.2 所示。

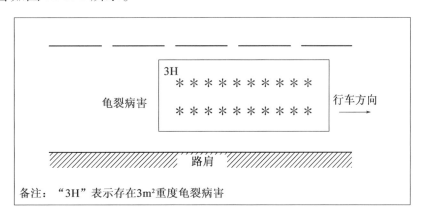

图 A.1.2 龟裂病害标注图例

A.1.3 块状裂缝划分为轻、重两个等级，并应分别记录各等级块裂的面积。在路面的相同区域内存在不同等级的块裂病害且难以区分时，应按最严重的病害等级计算。另外，当块裂区域内存在龟裂时，计算块裂面积时应减去龟裂部分的面积。块状裂缝病害如图 A.1.3 所示。

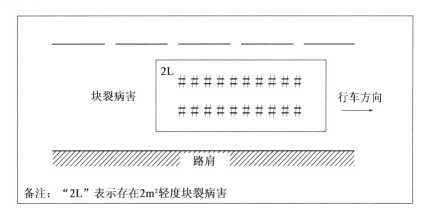

图 A.1.3 块状裂缝病害标注图例

A.1.4 纵向裂缝划分为轻、重两个等级，并应分别记录各等级纵向裂缝的长度及裂缝周边支缝发展形态。在路面的相同区域内存在不同等级的纵向裂缝且难以区分时，应按最严重的病害等级计算。同时，当纵向裂缝穿过龟裂区域时，该区域里纵向裂缝的长度不应算入纵向裂缝计算的总长度内。纵向裂缝病害如图 A.1.4 所示。

A.1.5 横向裂缝划分为轻、重两个等级，并应分别记录各等级横向裂缝的长度及裂缝周边支缝发展形态。在路面的相同区域内存在不同等级的横向裂缝且难以区分时，应按最严重的病害等级计算。同时，当横向裂缝穿过龟裂区域时，该区域里横向裂缝的长度不应算入横向裂缝计算的总长度内。横向裂缝病害如图 A.1.5 所示。

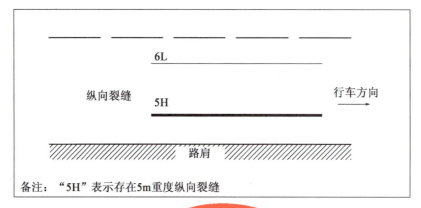

图 A.1.4 纵向裂缝病害标注图例

图 A.1.5 横向裂缝病害标注图例

A.1.6 坑槽病害划分为轻、重两个等级，并应分别记录各等级坑槽病害的面积及深度。在路面的相同区域内存在不同等级的坑槽病害且难以区分时，应按最严重的病害等级计算。同时，当坑槽区域包含龟裂病害时，记录坑槽总面积时应减去龟裂的面积。坑槽病害如图 A.1.6 所示。

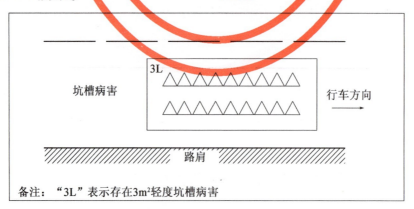

图 A.1.6 坑槽病害标注图例

A.1.7 松散病害划分为轻、重两个等级，并应分别记录各等级松散病害的面积、集料散失情况、坑洞数量等。在路面的相同区域内存在不同等级的松散病害且难以区分时，应按最严重的病害等级计算。松散病害如图 A.1.7 所示。

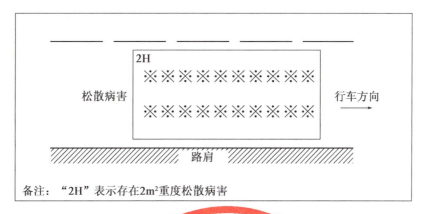

图 A.1.7 松散病害标注图例

A.1.8 沉陷病害划分为轻、重两个等级,并应记录沉陷区域的面积及沉陷最大深度。沉陷病害如图 A.1.8 所示。

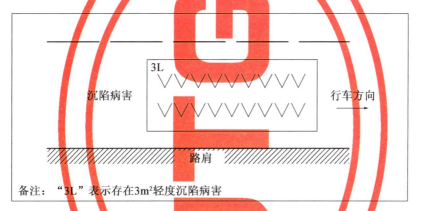

图 A.1.8 沉陷病害标注图例

A.1.9 车辙病害划分为轻、重两个等级,并应分别记录各等级车辙病害的最大车辙深度、车辙发展形态及车辙部位次生的其他病害类型等。车辙病害如图 A.1.9 所示。

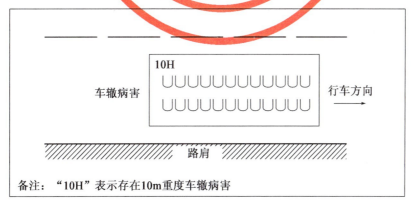

图 A.1.9 车辙病害标注图例

A.1.10 波浪拥包病害划分为轻、重两个等级,并应分别记录各等级波浪拥包病害的面积、波峰和波谷之间的高差等。波浪拥包病害如图 A.1.10 所示。

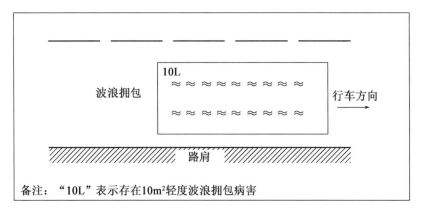

图 A.1.10　波浪拥包病害标注图例

A.1.11　泛油病害应详细记录其发生的位置及影响面积，并描述路表泛油严重程度。泛油病害如图 A.1.11 所示。

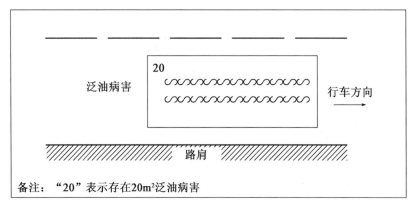

图 A.1.11　泛油病害标注图例

A.1.12　块状修补调查应记录修补位置及修补面积。修补不良位置应视为路面病害，记录其病害类型及其影响面积、周边原路面损坏状况等。块状修补如图 A.1.12 所示。

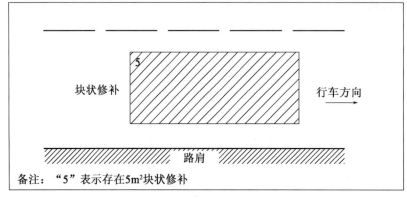

图 A.1.12　块状修补病害标注图例

A.1.13　条状修补调查应记录修补位置及修补面积。封缝不良位置应视为路面病害，记录其裂缝开裂长度、宽度及其伴生病害类型等。条状修补如图 A.1.13 所示。

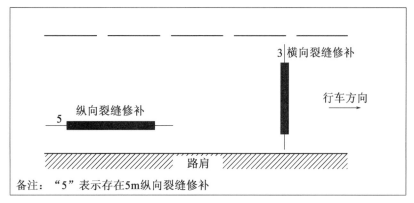

图 A.1.13 条状修补病害标注图例

A.1.14 唧浆病害调查应详细记录其病害发生位置、影响面积、原路面病害类型等。唧浆病害如图 A.1.14 所示。

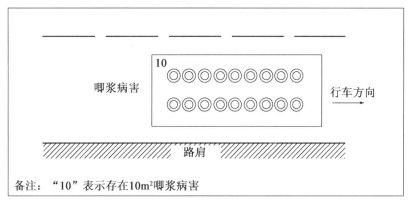

图 A.1.14 唧浆病害标注图例

A.1.15 应根据现行《公路技术状况评定标准》（JTG H20）的相关规定，利用人工病害调查数据计算路面破损状况指数（PCI），并分析路面病害分布特征。

A.2 钻芯取样调查

A.2.1 养护类型确定为修复养护的设计单元，应开展钻芯取样专项调查工作，确定既有路面结构状况。

A.2.2 钻芯取样专项调查应满足表 A.2.2 的要求。

表 A.2.2 钻芯取样专项调查要求

公路等级	路况水平	最少取芯数量 [个/（km·车道）]	
		典型病害位置	路面完好位置
高速公路、一级公路	PCI	>85	1	1
		70~85	3	1
		<70	5	1

续表 A.2.2

公 路 等 级	路 况 水 平		最少取芯数量 [个/（km·车道）]	
			典型病害位置	路面完好位置
二级及以下公路	PCI	>80	1	1
		70~80	2	1
		<70	3	1

A.2.3 钻芯取样深度应达到路面基层底部，并记录各结构层厚度、结构层材料类型、病害破坏层位、病害发展形态、结构层间黏结情况、结构层芯样密实程度等内容。对路基或底基层发生破坏的路段，取芯深度应达到破坏层位底部。钻芯取样检测现场记录表可参考表 A.2.3 的形式。

表 A.2.3 钻芯取样现场记录表

芯样编号：	路段名称： 桩号：		方向： 横向位置：		检测时间
路面状况描述					
附芯样完整照片，带标尺	芯样厚度	材料类型	各层芯样状况描述		备注
	1				
	...				
附整体路况照片		附取芯位置病害照片		附钻孔内部照片	

A.2.4 严重车辙病害路段，应根据车辙深度不同（1~2cm、2~4cm、>4cm），分别开展路面车辙病害专项取芯调查：在同一断面车辙最深处、隆起处及路肩处分别钻芯，并记录芯样各结构层厚度，比较同一断面不同位置处路面结构层厚度的差异；同一设计单元内，同一车辙深度范围至少应进行两组专项取芯调查。

A.2.5 对横向裂缝，应区分贯穿全幅的裂缝及非贯穿裂缝两类分别调查，确定裂缝发展形态及基层结构破坏严重程度。

A.2.6 对纵向裂缝，应区分纵向拼接缝及非纵向拼接缝两类分别调查，确定裂缝发展层位及各结构层破坏严重程度。同时，应在纵向裂缝附近路面完好处取芯，观察其下部基层结构完整性。

A.2.7 对龟裂病害，应在破坏位置及附近路面完好位置分别取芯，确定裂缝发展层位及下部基层结构完整性，并对两个取芯位置路面结构差异性进行比较分析。

A.2.8 对路面弯沉值较大的点位，应通过钻芯取样确定该位置各结构层强度状况及结构完整性。

A.2.9 通过无损检测识别出疑似存在路面结构内部缺陷的位置，应进行取芯验证。同一设计单元中，对无损检测结果的验证至少应取 2 点或 3 点。

A.2.10 既有路面各结构层材料试样，应标注取样位置并回收保存。后期开展病害原因诊断时，可根据需要开展材料试验。

A.3 探地雷达检测

A.3.1 采用修复养护的设计单元，可采用探地雷达检测结合钻芯取样验证的方式对原路面结构状况进行评价。

A.3.2 探地雷达检测应根据修复养护方案设计的要求，根据检测深度要求分别配置适合频率的检测天线，并提供路面结构状况雷达图谱。

A.3.3 根据公路等级及路况水平不同，探地雷达检测应满足表 A.3.3 的要求。

表 A.3.3 探地雷达检测要求

公路等级	路况水平	检测深度要求		测线数量/车道
		面 层	基 层	
高速公路、一级公路	PCI	>85	可选	可选	1
		70~85	应选	可选	2
		<70	可选	应选	2
二级及以下公路	PCI	>80	可选	可选	1
		70~80	应选	可选	1
		<70	可选	应选	1

A.3.4 探地雷达检测路面结构内部状况，应识别出路面各结构层厚度和结构内部缺陷的位置、类型及影响范围。

A.4 排水系统状况调查

A.4.1 排水系统状况调查应符合下列规定：
1 对高速公路及一级公路，应对全线路表排水状况、结构内部排水状况及地下排水设施排水效果等进行调查。
2 对二级及二级以下公路，应对全线路表排水状况进行调查，并对产生明显水损坏的路段进行结构内部排水状况及地下排水设施排水效果调查。

A.4.2 对路面出现明显水损坏破坏的路段，应进行结构渗水试验，测量其渗水系数。渗水试验方法应符合现行《公路路基路面现场测试规程》（JTG E60）的规定。

A.4.3 排水系统状况调查项目应包括基础资料收集、排水设施检测、结构层排水效果检测三方面，调查内容及调查指标要求宜符合表 A.4.3 的规定。

表 A.4.3 排水状况调查要求

调查项目	调查内容	调查指标
基础资料收集	设计排水方式	表面排水、内部排水
	几何尺寸	横坡坡度、纵坡坡度
		路基、路面宽度
		路基填挖高度
		潮湿路基隔离层类型、厚度
排水设施检测	整体排水系统	排水通道是否完善
	排水沟、截水沟、急流槽	尺寸
		是否通畅
		是否长有亲水植物
	排水管道	是否有盖板
		盖板损坏程度
	路表面	路肩是否有积水
		裂缝或接缝处是否有积水
结构层排水效果检测	排水时间	渗水系数
		透水基层厚度

附录 B 常用沥青路面修复养护结构组合类型

表 B.0.1 功能性修复工程常用结构组合形式

养护对策	结构层位	可选材料类型	结构层厚度（cm）	备注
直接加铺罩面	加铺层	1. 细粒式/中粒式沥青混凝土	4～6	功能性修复养护措施仅限于单层沥青表面层结构的处治或加铺，对原沥青中下面层结构不进行彻底翻修处治
		2. 厂拌热再生	4～6	
		3. 沥青碎石	4～6	
	联结层	1. 碎石封层（可选）	1～2	
		2. 改性沥青/改性乳化沥青/石油沥青（可选）	—	
	原结构	原路面整体结构		
表面层铣刨重铺	加铺层	1. 细粒式/中粒式沥青混凝土	4～6	
		2. 厂拌热再生	4～6	
		3. 现场热再生	4～6	
		4. 沥青碎石	4～6	
	联结层	1. 碎石封层（可选）	1～2	
		2. 改性沥青/改性乳化沥青/石油沥青（可选）	—	
	原结构	原路面中下面层及基层结构		

表 B.0.2 结构性修复工程常用结构组合形式

养护对策	结构层位	可选材料类型	结构层厚度（cm）	备注
直接加铺补强	加铺上面层	1. 细粒式/中粒式沥青混凝土	4～6	
		2. 厂拌热再生	4～6	
		3. 沥青碎石	4～6	
	加铺下面层	1. 中粒式/粗粒式沥青混凝土	6～8	
		2. 厂拌冷再生	8～12	

续表 B.0.2

养护对策	结构层位	可选材料类型	结构层厚度（cm）	备注
直接加铺补强	加铺下面层	3. 大粒径沥青碎石（开级配）	8~10	
		4. 密级配沥青碎石	8~10	
	联结层	1. 碎石封层（可选）	1~2	
		2. 改性沥青/改性乳化沥青/石油沥青（可选）	—	
	原结构	原路面整体结构		
面层铣刨重铺（铣刨一层或两层，加铺两层）	新铺表面层	1. 细粒式/中粒式沥青混凝土	4~6	结构性修复养护分为处治原路面面层及处治基层两类：处治面层的措施主要针对原路面沥青面层进行处治，处治或加铺的层位一般为两层或两层以上，原路面基层结构不进行彻底翻修处治
		2. 厂拌热再生	4~6	
		3. 沥青碎石	4~6	
	新铺中面层或下面层	1. 中粒式/粗粒式沥青混凝土	6~8	
		2. 厂拌冷再生	8~12	
		3. 大粒径沥青碎石（开级配）	8~10	
		4. 密级配沥青碎石	8~10	
		5. 现场冷再生	10~15	
	联结层	1. 碎石封层（可选）	1~2	
		2. 改性沥青/改性乳化沥青/石油沥青（可选）	—	
	原结构	原路面中下面层及基层结构或原路面基层结构		
面层铣刨重铺（铣刨两层或三层，加铺三层）	新铺表面层	1. 细粒式/中粒式沥青混凝土	4~6	
		2. 厂拌热再生	4~6	
	新铺中面层	1. 中粒式/粗粒式沥青混凝土	6~8	
		2. 密级配沥青碎石	6~8	
	新铺下面层	1. 粗粒式沥青混凝土	8~10	
		2. 厂拌冷再生	8~12	
		3. 大粒径沥青碎石（开级配）	8~10	
		4. 密级配沥青碎石	8~10	
		5. 现场冷再生	10~15	
	联结层	1. 碎石封层（可选）	1~2	
		2. 改性沥青/改性乳化沥青/石油沥青（可选）	—	
	原结构	原路面下面层及基层结构或原路面基层结构		

续表 B.0.2

养护对策	结构层位	可选材料类型	结构层厚度（cm）	备注
面层铣刨基层补强（原沥青面层为两层）	新铺上面层	1. 细粒式/中粒式沥青混凝土	4~6	
		2. 厂拌热再生	4~6	
		3. 沥青碎石	4~6	
	新铺下面层	1. 中粒式/粗粒式沥青混凝土	6~8	
		2. 厂拌冷再生	8~12	
		3. 大粒径沥青碎石（开级配）	8~10	
		4. 密级配沥青碎石	8~10	
	联结层	1. 碎石封层（可选）	1~2	
		2. 改性沥青/改性乳化沥青/石油沥青（可选）	—	
	补强层（补强层层数根据既有基层处治情况确定）	1. 密级配沥青碎石	8~12	
		2. 厂拌冷再生	8~12	
		3. 无机结合料稳定类材料	18~20	
		4. 级配碎石	10~20	
		5. 全深式现场冷再生	16~22	处治基层的措施主要包括彻底处治沥青面层并对原结构进行补强及彻底处治基层或底基层并重铺路面结构两类
	原结构	原路面基层或底基层或路基结构		
面层铣刨基层补强（原沥青面层为三层）	新铺表面层	1. 细粒式/中粒式沥青混凝土	4~6	
		2. 厂拌热再生	4~6	
	新铺中面层	1. 中粒式/粗粒式沥青混凝土	6~8	
		2. 密级配沥青碎石	6~8	
	新铺下面层	1. 粗粒式沥青混凝土	8~10	
		2. 厂拌热再生	8~12	
		3. 大粒径沥青碎石（开级配）	8~10	
		4. 密级配沥青碎石	8~10	
	联结层	1. 碎石封层（可选）	1~2	
		2. 改性沥青/改性乳化沥青/石油沥青（可选）	—	
	补强层（补强层层数根据既有基层处治情况确定）	1. 密级配沥青碎石	8~12	
		2. 厂拌冷再生	8~12	
		3. 无机结合料稳定类材料	18~20	
		4. 级配碎石	10~20	
		5. 全深式现场冷再生	16~22	
	原结构	原路面基层或底基层或路基结构		
路基、路面结构重建		参照现行《公路沥青路面设计规范》（JTG D50）		

附录 C 全寿命周期费用分析（LCCA）计算方法

C.1 基本要求

C.1.1 路面养护设计中全寿命周期费用分析应包括下列过程：
1 交通量调查与预估；
2 养护方案设计；
3 确定分析周期；
4 确定分析期内的养护对策；
5 确定路面使用性能衰变模型；
6 确定分析期内发生的各项费用组成及计算模型，并计算所产生的费用；
7 确定贴现率；
8 选择经济评价方法和评价指标，计算总费用现值；
9 必要时开展敏感性分析；
10 综合总费用现值及敏感性分析结果，选择全寿命周期费用最优的养护方案。

C.2 主要内容

C.2.1 应调查各种车型的数量及载客、载货情况，以及车辆轴载分布状况；同时，应对分析期内交通量增长率进行预测。

C.2.2 应根据各设计单元的养护需求，结合设计年限、交通量分析结果和当地实际情况进行技术设计，并进行方案比选。

C.2.3 全寿命周期分析期应根据确定的技术方案及地区经济发展速度进行选择，可选择新建路面结构设计使用年限或参照部门经济发展计划取 5 年的整数倍。

C.2.4 路面使用性能衰变模型应根据技术方案的不同分别制定，模型结构应满足下列要求：
1 正确反映路面使用性能衰变的全过程，拟合各种衰变模式。
2 随着路面使用年限或累计轴载次数的增加，路面使用性能衰减。

3 满足必要的边界条件要求。
4 模型结构形式简单,各种参数具有明确的数学和物理含义。

C.2.5 模型参数可利用设计单元或相似路段历年实际检测数据进行标定,常用的使用性能衰变模型包括下列几类:

1 修正 S 曲线模型:

$$RCI = \frac{RCI_{max} - RCI_{min}}{1 + a_0 \times \exp(a_1 \times T)} + RCI_{min} \quad (C.2.5\text{-}1)$$

2 负指数曲线模型:

$$RCI = a_0 \exp(-a_1 T) \quad (C.2.5\text{-}2)$$

3 分阶段折线模型:

$$RCI = \begin{cases} RCI_1 + (RCI_{max} - RCI) \times \left(1 - \dfrac{T}{t_1}\right) & 0 < T \leq t_1 \\ RCI_2 + (RCI_1 - RCI_2) \times \left(\dfrac{t_2 - T}{t_2 - t_1}\right) & 0 < T \leq t_1 \\ RCI_3 + (RCI_2 - RCI_3) \times \left(\dfrac{t_3 - T}{t_3 - t_2}\right) & t_2 < T \leq t_3 \\ RCI_4 + (RCI_3 - RCI_4) \times \left(\dfrac{t_4 - T}{t_4 - t_3}\right) & t_3 < T \leq t_4 \\ RCI_{min} & T \geq t_4 \end{cases} \quad (C.2.5\text{-}3)$$

式中:RCI——路面使用性能预测指标(如 PCI、RQI 等);
RCI_{max}——路面使用性能初始值,应满足相关标准的要求;缺乏参考数据的情况下,可取 98~100;
RCI_{min}——路面使用性能最低水平,应满足相关标准的要求;缺乏参考数据的情况下,可取 30~40;
T——路面使用时间;
a_0,a_1——预测模型参数,根据当地管理经验确定;
$t_1 \sim t_4$——预测模型参数,通过统计分析确定。

C.2.6 确定分析期内的养护对策,应包括下列内容:
1 设定养护标准值,并提出分析期内需要开展养护工程的路况边界条件。
2 构建养护对策集,针对不同的养护类型,提出可供选择的养护方案。
3 对提出的养护方案,应计算其在分析期内的工程造价。

C.2.7 公路全寿命周期分析期内,涉及的费用应包括管养部门费用和道路使用者费用两部分,具体内容应符合表 C.2.7 的规定。

表 C.2.7 公路全寿命周期费用组成

费用分类	费用组成	费用说明
管养部门费用	初期建设费用	采用备选养护方案所需的各项费用总和
	日常养护费用	维持路段正常服务水平所需的日常养护费用
	养护工程费用	分析期内预防养护及修复养护所需费用
	路面残值费用	分析期末路面残存的价值
道路使用者费用	车辆运营费用	车辆在行驶过程中各项资源消耗所支出的费用，如油耗、轮耗、保修材料消耗和车辆折旧费用等
	行程时间费用	乘客和货物花费在行程上的时间所等值的费用
	交通事故费用	因出现交通事故而支出的费用

C.2.8 技术方案全寿命周期经济效益比选过程中，应重点考虑养护管理费用及路面残值等受路面使用性能影响较大的费用类型；在各养护方案的交通组织方式存在较大差异时，应计算车辆绕行产生的道路使用者费用；其他情况下，若缺乏相关数据，可不计算道路使用者费用或各方案统一采用一个合理的数值。

C.2.9 路面残值应综合考虑分析期末路面结构剩余使用年限、剩余可承受轴载作用次数等因素，并根据式（C.2.9）进行计算：

$$SV = \left(1 - \frac{L_A}{L_E}\right)C_r \quad (C.2.9)$$

式中：SV——路面残值费用；
L_A——最后一次养护年份至分析期末的年数或已承受的交通轴载作用次数；
L_E——该养护措施的预期使用寿命或可承受的累计交通轴载作用次数；
C_r——该养护措施的修建费用。

C.2.10 应根据养护工程投资特点及区域经济发展水平合理选择贴现率。在缺乏经验数据的情况下，可以参考公路工程建设项目可行性研究中所采用的贴现率指标。

C.2.11 应采用费用现值指标（PVC）对养护方案的经济效益进行评价，可按式（C.2.11）计算：

$$PVC_{xi,n} = IC_{xi} + \sum_{t=0}^{n}(RC_{xi,t} + MC_{xi,t} + UC_{xi,t})(P/F,i,t) - SV_{xi,n}(P/F,i,n)$$

（C.2.11）

式中：$PVC_{xi,n}$——方案 x_i 的费用现值；
IC_{xi}——方案 x_i 的初期修建费用；
$RC_{xi,t}$——方案 x_i 的第 t 年改建费用；
$MC_{xi,t}$——方案 x_i 的第 t 年养护费用；

$UC_{xi,t}$——方案 x_i 的第 t 年道路使用者费用；

$SV_{xi,n}$——方案 x_i 在分析期末（n 年）的残值；

$(P/F, i, t)$——t 年时资金的现值系数，表示 t 期末一元钱的现值 $= (1+i_0)^{-t}$；

n——分析期（投资开始到有效寿命期末）；

i_0——贴现率。

C.2.12 应选择相同的分析期计算各养护方案的总费用现值，并选择总费用现值最小的养护方案作为长期经济效益最优的养护方案。

C.2.13 备选养护方案总费用现值计算结果相差不大时，应开展敏感性分析，并选择敏感性分析结果中风险较小的方案。

附录 D 沥青路面养护工程施工图设计文件组成

D.1 总体要求

D.1.1 沥青路面养护工程施工图设计文件的编制应参照现行《公路工程基本建设项目设计文件编制办法》的要求，并根据养护类型的不同，合理组织篇章、增减篇章内容。

D.1.2 路基、路面养护技术设计，应根据技术设计成果，绘制相应的路面结构设计详图及养护路段分布图。

D.1.3 交通工程及沿线设施养护技术设计，应根据施工图设计相关资料调查结果，确定交通工程及沿线设施维修、更换、补充情况，绘制布置图和设计详图。

D.1.4 沥青路面养护工程中涉及的桥涵隧道、路线交叉等设计内容，应结合各专项调查及设计成果，绘制详细的结构设计详图及布置图。

D.1.5 应根据路面养护设计方案，确定施工期间的交通组织方式，绘制交通组织设计方案图。

D.1.6 应根据沿线筑路材料（含既有路面回收利用部分）的质量、储藏量、供应量及运距，绘制筑路材料运输示意图。

D.1.7 应科学、合理、高效地安排养护工程实施流程，做好各工作环节的衔接，提出施工组织计划。

D.1.8 应根据养护工程实施情况，提出人工数量及主要材料、机具、设备的规格及数量，按照现行《公路养护工程预算编制导则》（JTG H40）的要求编制公路养护工程施工图设计预算。

D.2 结构性修复养护工程施工图设计文件组成

D.2.1 结构性修复工程施工图设计文件组成应包括总体设计、路线设计、路基路面设计、桥梁涵洞设计、隧道设计、路线交叉设计、交通工程及沿线设施设计、环境保护及景观设计、其他工程设计、筑路材料说明、施工组织计划及交通组织设计、施工图预算等内容。其中，桥梁、涵洞、隧道、路线交叉、环境保护及景观、其他工程等内容应根据相关行业技术标准开展设计，并完善施工图设计文件。本规范主要针对与路面工程相关的设计项目进行规定。

D.2.2 总体设计应包括下列内容：
1 地理位置示意图。
2 养护路段位置示意图。
3 说明书：
1）工程概述；
2）现状调查和交通量；
3）设计依据；
4）设计原则；
5）设计要点。
4 路线平、纵面缩图。
5 公路平面总体设计图。
6 主要技术经济指标表。
7 附件批复意见、测设合同、有关指示、协议和会议纪要等复印件。

D.2.3 路线设计应包括下列内容：
1 设计说明；
2 路线平面图；
3 路线纵断面图；
4 直线、曲线及转角表；
5 纵坡、竖曲线调整表。

D.2.4 路基路面设计应包括下列内容：
1 设计说明。
2 设计图表：
1）路基标准横断面图；
2）路面病害调查表；
3）路面病害分布图；

4) 各类路面病害处治设计图及病害处治工程数量表；
5) 路面结构设计图；
6) 路面结构设计及加铺工程数量表；
7) 路面材料配合比设计方案；
8) 路基、路面排水工程设计图；
9) 路基、路面排水工程数量表；
10) 特殊路段加铺处理设计图；
11) 平面交叉及开口部加铺工程数量表。

D.2.5 交通工程及沿线设施设计应包括下列内容：
1 设计说明。
2 设计图表：
1) 标志设计图；
2) 标线设计图；
3) 护栏改造设计图；
4) 其他设施设计图；
5) 各类设施改造工程数量表。

D.2.6 筑路材料说明应包括下列内容：
1 设计说明；
2 沿线筑路材料料场表；
3 沿线筑路材料试验资料表；
4 沿线筑路材料供应示意图；
5 成品及半成品的运距。

D.2.7 施工组织计划及交通组织设计应包括下列内容：
1 设计说明；
2 施工便道主要工程数量表；
3 其他临时工程数量表；
4 公路临时用地表。

D.2.8 施工图预算编制文件应包括下列内容：
1 说明；
2 总预算表；
3 人工、主要材料、机械台班数量汇总表；
4 公路养护工程费计算表；
5 其他工程费及间接费综合费率计算表；

6 公路养护工程其他费用计算表;
7 人工、材料、机械台班单价汇总表;
8 分项工程预算表;
9 材料预算单价计算表;
10 机械台班单价计算表。

D.3 功能性修复及预防养护工程施工图设计文件组成

D.3.1 功能性修复及预防养护工程施工图设计文件组成应包括总体设计、路面设计、交通工程及沿线设施设计、筑路材料说明、施工组织计划及交通组织设计、施工图预算等内容。

D.3.2 总体设计应包括下列内容:
1 地理位置示意图。
2 养护路段位置示意图。
3 说明书:
1) 工程概述;
2) 现状调查和交通量;
3) 设计依据;
4) 设计原则;
5) 设计要点。
4 主要技术经济指标表。
5 附件批复意见、测设合同、有关指示、协议和会议纪要等复印件。

D.3.3 路面设计应包括下列内容:
1 设计说明。
2 设计图表:
1) 路基标准横断面图;
2) 路面病害调查表;
3) 路面病害分布图;
4) 各类路面病害处治设计图及病害处治工程数量表;
5) 路面结构设计图;
6) 路面结构设计及加铺工程数量表;
7) 路面材料配合比设计方案;
8) 路基、路面排水工程设计图(可选);
9) 路基、路面排水工程数量表(可选);
10) 特殊路段加铺处理设计图(可选);

11）平面交叉及开口部加铺工程数量表（可选）。

D.3.4 交通工程及沿线设施设计应包括下列内容：
1 设计说明。
2 设计图表：
1）设计图；
2）各类设施改造工程数量表。

D.3.5 筑路材料说明应包括下列内容：
1 设计说明；
2 沿线筑路材料料场表；
3 沿线筑路材料试验资料表；
4 沿线筑路材料供应示意图；
5 成品及半成品的运距。

D.3.6 施工组织计划及交通组织设计应包括下列内容：
1 设计说明；
2 施工便道主要工程数量表；
3 其他临时工程数量表；
4 公路临时用地表。

D.3.7 施工图预算编制文件应包括下列内容：
1 说明；
2 总预算表；
3 人工、主要材料、机械台班数量汇总表；
4 公路养护工程费计算表；
5 其他工程费及间接费综合费率计算表；
6 公路养护工程其他费用计算表；
7 人工、材料、机械台班单价汇总表；
8 分项工程预算表；
9 材料预算单价计算表；
10 机械台班单价计算表。

本规范用词用语说明

1 本规范执行严格程度的用词,采用下列写法:
 1)表示很严格,非这样做不可的用词,正面词采用"必须",反面词采用"严禁"。
 2)表示严格,在正常情况下均应这样做的用词,正面词采用"应",反面词采用"不应"或"不得"。
 3)表示允许稍有选择,在条件许可时首先应这样做的用词,正面词采用"宜",反面词采用"不宜"。
 4)表示有选择,在一定条件下可以这样做的用词,采用"可"。

2 引用标准的用语采用下列写法:
 1)在标准总则中表述与相关标准的关系时,采用"除应符合本规范的规定外,尚应符合国家和行业现行有关标准的规定"。
 2)在标准条文及其他规定中,当引用的标准为国家标准或行业标准时,表述为"应符合《××××××》(×××)的有关规定"。
 3)当引用本标准中的其他规定时,表述为"应符合本规范第×章的有关规定"、"应符合本规范第×.×节的有关规定"、"应符合本规范第×.×.×条的有关规定"或"应按本规范第×.×.×条的有关规定执行"。

附件

《公路沥青路面养护设计规范》

(JTG 5421—2018)

条 文 说 明

1 总则

1.0.2 专项养护主要指为恢复、保持或提升公路服务功能而集中实施的完善设施、加固改造、拆除重建、灾后恢复等工程，具体工作内容由各省（自治区、直辖市）结合各阶段重点工作自行确定，在本规范中不再统一要求。另外，应急养护一般属于临时工程，以满足通车最低要求为出发点，更注重工程时效性，与本规范严格的养护设计流程及要求有一定的差别，故本规范的要求不适用于该类养护工程设计。

3 基本规定

3.1 设计原则

3.1.1 公路沥青路面养护设计的基本要求包括：
（1）"分段设计"：根据项目路段管养单位、路面结构、建养历史、路面类型等因素，分别开展有针对性的设计。
（2）"分类处理"：应针对不同的路况特点及病害发展情况，结合养护需求分析结果，分别确定养护对策，修复原有路面病害。

3.1.2 我国沥青路面养护方案设计的常规做法为原结构修复或采用典型养护方案，对当前路面结构破坏程度、使用特点等缺乏针对性的分析。在本规范中，强调路面养护方案设计时，应针对现有路况水平、结构及材料老化程度、当地施工经验及水平、交通状况等因素进行深入分析，同时对备选养护方案的经济效益、社会效益、环境保护等方面进行综合比较，最终推荐出最为合理的养护方案。

3.3 设计年限

3.3.2 表3.3.2所列数值为结构性修复养护路面结构设计使用年限选取范围，指标上限为新路设计年限最低要求，此处与现行《公路沥青路面设计规范》（JTG D50）相匹配。由于修复养护中原有路面结构仍有部分保留利用，故其整体结构的使用年限要求要低于新建路面结构的使用年限要求，本规范指标下限为根据"沥青路面长期使用性能研究"项目得出的我国各等级公路路面大修周期最低值，作为结构性修复措施的最低使用年限要求。

3.3.4 表3.3.4所列数值为功能性修复养护路面结构预期使用年限取值范围，主要依据"沥青路面长期使用性能研究"项目得出的我国各等级公路路面中修周期变化范围确定。本规范中允许在一个结构性修复周期内合理安排若干次预防养护及功能性修复，从而达到延长路面结构使用寿命、提高全寿命周期路面服务水平的目的。

3.3.6 预防养护措施根据养护实施时机和措施强度的不同,可分为轻等强度预防养护、中等强度预防养护和重等强度预防养护,其设计年限依次增长。具体确定预防养护预期使用年限时,还应结合选用的具体技术措施、交通荷载等级等因素综合确定。

4 调查与评价

4.1 一般规定

4.1.3 评定单元划分过程中遇到特殊路段的情况包括：
(1) 城市进出口、城管路段、养护管理要求较高的高等级公路等；
(2) 公路等级、路面结构、大型构造物、大型平交口等发生变化的位置。

4.2 基础资料调查与分析

4.2.1 技术标准信息可通过查阅设计文件或现场补充调查获得；养护信息一般向道路管理部门收集；交通状况数据可通过交通量观测站收集或现场补充调查获得；自然条件信息可通过咨询气象部门、水文地质部门或查阅相关资料获得；经济参数和筑路材料信息可通过资料查阅及现场调查的方式获得。

4.3 路面技术状况检测与评价

4.3.1 现行《公路技术状况评定标准》（JTG H20）中规定路面损坏状况、路面平整度、路面车辙等三项指标每年检测一次，抗滑性能指标两年检测一次，而弯沉指标为抽样检测。若养护设计路段近期已进行路面技术状况检测，可直接利用其检测结果对路况进行评价及划分养护类型；但若时间间隔内经过了一个雨季或一个冬季，已有数据将不能代表现有路面状况水平，需重新进行检测，此处规定这个时间间隔为 6 个月。

4.3.2 表 4.3.2 中相关检测要求解释如下：
（1）数据需求为"应"的选项，属于修复养护设计必需的检测项目，设计单位应根据检测要求开展相关检测。
（2）数据需求为"宜"的选项，属于修复养护设计可选择检测项目，设计单位可根据养护需求及病害原因诊断的需要，自行确定是否需要开展该项检测。
（3）调查范围为"全线"的选项，即要求对该设计单元进行全线连续检测。
（4）调查范围为"分车道"的选项，即要求每个车道分别开展该项目的检测。
（5）调查范围为"分方向"的选项，即要求对高速公路及一级公路，每个方向挑选一条病害最严重的车道进行检测；对二级及以下公路，可挑选病害较严重的方向进行检测，若同方向中有多条车道，则挑选病害最严重的车道进行检测。

（6）调查范围为"单向"的选项，即要求挑选病害较严重的方向进行检测，若同方向中有多条车道，则挑选病害最严重的车道进行检测。

4.4 预防养护专项数据检测与分析

4.4.3 路面抗滑性能是指车辆轮胎受到制动时沿路表面滑移所产生的阻力，通常抗滑性能被看作路面的表面特性。影响路面抗滑性能的因素包括路表面纹理特征、石料强度、沥青黏附性、交通荷载、路面使用环境等。在开展病害原因诊断过程中，应结合专项调查数据，进一步分析病害产生原因，并有针对性地选择养护对策。

4.4.4 水分从路表面渗入路面结构内部的主要途径包括结构裂缝及沥青混合料空隙两方面。故对产生明显水损坏的路段，通过在裂缝位置及路面完好位置分别检测渗水状况，或检测代表性路面位置沥青混合料空隙率，判断现有结构表面防水情况。当路面防水效果较差或已对路面结构使用功能造成影响时，需有针对性地选择养护对策。

4.5 修复养护专项数据检测与分析

4.5.4 根据现行《公路沥青路面设计规范》（JTG D50）的规定，在进行结构性能验算时，既有路面结构参数可利用弯沉盆反算或芯样实测的方法确定。但是本规范中弯沉指标还用于计算路面结构强度指数（$PSSI$），并作为评价既有路面结构强度及划分养护类型的指标之一。由于该评价体系仍沿用现行《公路技术状况评定标准》（JTG H20）的方法，故弯沉指标以静态回弹弯沉值作为标准，即各类检测设备检测得到的数据与贝克曼梁弯沉仪检测数据进行标定后方可用于结构强度评价。

5 病害诊断与养护对策选择

5.3 设计单元

5.3.3 本规范中规定养护方案设计针对设计单元开展，故设计单元要是能够满足工程实施的路段。能够开展工程的路段在原材料生产及运输、摊铺最小作业面宽度及长度、交通组织等各方面满足一定的要求；同时，还需考虑项目路段的养护管理属性，包括管理分界、财政拨款要求等因素。

5.4 病害原因诊断

5.4.3 各类病害产生的原因可从路基结构稳定性、基层结构完整性、面层结构完整性及表面层材料性能等四个方面进行分类及分析。

（1）路基结构不稳定：主要指路基结构不稳定造成的路面变形破坏，如路基塌方、软土地基不均匀沉陷、地下水位过高导致路基浸水等，常见病害为变形、沉陷、严重纵向裂缝、唧浆等，该类破坏一般都危害到整个路面结构层，需对路基进行适当处治后，再重新铺筑路面结构。

（2）基层结构破坏：主要指由于基层结构破坏并反射至沥青面层形成的路面整体结构破坏，包括半刚性基层温缩开裂形成的面层反射裂缝、强度不足引发的结构性破坏、强度过高引发的严重收缩开裂、基层表面不平整引起的平整度不良等，典型病害形式包括龟裂、块裂、横向裂缝、纵向裂缝、严重车辙、唧浆等。由于基层缺陷产生的病害需对基层进行彻底处治。

（3）沥青面层结构破坏：主要指由于沥青面层整体或个别层位结构破坏而导致的路面功能性损坏，包括层间黏结不良、沥青面层温度应力裂缝、沥青面层疲劳裂缝、沥青面层抗剪强度不足、沥青面层材料压密或流动变形等，其典型病害形式包括龟裂、块裂、横向裂缝、纵向裂缝、车辙、推移、坑槽等。该类病害需对面层破坏层位进行翻修处理。

（4）沥青表面层性能衰减：主要指表面层沥青混合料由于长期受到车轮磨耗、自然环境变化等因素的作用，发生沥青材料老化、集料磨光、混合料压密、集料脱落、泛油等性能衰减现象，典型病害形式包括抗滑不良、泛油、松散、轻微车辙、细微裂缝等。该类病害可对表面层进行预防养护或中修处理，及时修复路面早期病害，保证行车安全。

5.4.4 路面病害的产生往往是多种因素共同作用的结果。而通过本规范第 4 章数据分析及评价，可以从路面技术状况指标、结构内部状况、各结构层材料性能、结构承载能力、基础稳定性、排水状况等多方面提供丰富的数据信息。道路养护管理人员及工程师可根据病害产生的一般规律，结合自身工程经验做出较为准确的判断。

5.5 预防养护对策选择

5.5.2 本规范所列预防养护措施工艺特点如下：

（1）一般认为传统的雾封层材料对路表抗滑性能会产生影响，而含砂雾封层材料是在传统雾封层材料的基础上改进而成的，其基本能够保持原路面抗滑性能水平，故本规范中采用含砂雾封层材料替代传统的雾封层。

（2）复合封层，指在碎石封层上再施工一层稀浆封层、改性稀浆封层或微表处的双层处治层材料。

（3）超薄磨耗层，指采用专用机械将间断级配的热拌沥青混合料直接铺筑在改性乳化沥青黏层上，厚度约为 1～3cm，可快速开放交通的薄层结构。

（4）薄层罩面，指采用细粒式沥青混凝土直接铺筑于原有路面上的结构形式，厚度约为 2～3cm，沥青混合料公称最大粒径为 10mm。

6 技术设计

6.1 一般规定

6.1.3 设计单元划分时可能由于路面结构、交通设施等发生变化而划分出一些里程相对较短的设计单元。当该类设计单元设计的养护措施与其相邻设计单元的养护措施不一致时，可根据需要调整该设计单元的养护方案，将其并入相邻且养护措施较强的设计单元中，从而形成连续的工程实施路段；若与其相邻设计单元的养护措施均轻于该设计单元，可不做方案调整。

6.2 结构组合设计

6.2.3 在进行沥青面层结构组合设计时，应重点考虑新沥青面层结构功能与实际道路养护需求情况，开展有针对性的设计。

1 为减少路面结构的水损坏，路面结构应采取防水与排水相结合的结构组合形式。所谓防水，即可通过采用密实型沥青混合料类型、严格控制混合料压实度和空隙率、提高沥青与矿料之间的黏结力、防止施工离析等措施，增加加铺表面层的防水性能；所谓排水，即一旦水进入沥青混凝土内部，为将水及时排出，可在底部采用透水性沥青混合料作为排水层，并采用优质高黏沥青减少沥青剥落的可能性。

2 对既有路面表面存在横纵向裂缝的设计单元，应通过在加铺层底部设置应力吸收层、加铺下面层采用骨架嵌挤型沥青混凝土、采用改性沥青等措施加强加铺层的抗反射裂缝性能。

3 对交通荷载较重的路段，路面面层结构抗剪性能要求较高，故材料设计过程中需选择高温稳定性好、抗剪性能强的材料，或通过添加改性剂等方式提高原材料的抗车辙性能。

6.2.4 在进行基层及底基层结构组合设计时，需重点考虑路面整体承载能力及新旧结构层强度之间的匹配关系。

1 采用现场冷再生技术可彻底修复处治厚度范围内路面病害，形成新的结构层，对原结构起到了补强的作用。由于现场冷再生层材料变异性及性能稳定性要差于新拌料，故该结构层一般用于新路面基层或底基层。

2 厂拌冷再生技术将既有路面基层材料回收后，重新进行破碎筛分，添加黏结剂后拌和成型，其混合料质量及稳定性与新料相同，同时能大量消耗既有路面基层材料，起到较好的环保效果，可用于新路面结构基层或底基层。

3 对地下水位过高、原基层或底基层受污染或季节性冰冻地区的潮湿路段，水损坏是其典型病害类型，地下毛细水常会渗入路面结构内部，在行车荷载作用下产生较大的动水压力，导致材料松散破坏。为防止毛细水渗入结构内部，需设置相应功能层，用于隔断毛细水的上升通道，保证路面结构稳定。

6.3 结构厚度验算

6.3.1 沥青路面修复养护措施是在出现路面明显病害或部分丧失服务功能的情况下，为恢复路面技术状况而采取的措施。修复养护后路面结构将进入一个新的寿命周期，需按照设计年限进行力学验算。沥青路面预防养护措施是在旧路结构强度状况良好的情况下采取的措施，目的是保证或延长路面结构的使用寿命，并未开始新的路面结构寿命周期，因此，不对其进行路面结构力学验算。

6.3.3 在路况调查阶段，需对既有路面的剩余结构设计参数进行调查检测，包括路表弯沉值、既有路面剩余结构顶面当量回弹模量或旧路剩余各结构层模量等。由于方案设计阶段还不涉及筑路材料的选择，因此，新加铺各结构层模量可不通过室内试验确定。

7 施工图设计

7.2 材料组成设计

7.2.2 路面材料包括胶结料、集料及填料等。在进行材料组成设计过程中，沿线料场的分布状况是需要重点考虑的因素。在满足质量要求的前提下，一般都会选择距离较近的料场进行供料。路面材料直接影响路面质量和耐久性，本规范要求路面材料性能需满足相关技术标准的要求。若需使用特殊路面材料时，需在相同气候环境及交通量水平的相似路段中证明使用效果良好后，方可使用。

7.2.3 现行《公路沥青路面设计规范》（JTG D50）中给出了各类型沥青面层材料及基层材料的级配范围，本规范中要求混合料配合比设计时参照以上范围进行选择，并强调材料试验需选用工程实际采用的材料。在材料性能指标方面，现行《公路沥青路面设计规范》（JTG D50）中明确提出，高温稳定性采用车辙试验的动稳定度来评价，水稳定性采用冻融劈裂强度比和浸水马歇尔残留稳定度来评价，低温性能采用极限破坏应变来评价。

7.3 结构力学验算

7.3.2 施工图设计相关资料调查中，若发现路面结构内部实际破坏程度大于方案设计专项调查结果或发现其他专项调查未能发现的路面破坏时，可根据需要对原设计材料及结构层厚度进行优化调整，使其满足原设计目标要求。

材料设计参数是路面修复养护设计的重要依据，施工图设计阶段需根据选取的筑路材料进行室内试验，确定各结构层混合料的材料设计参数，并按照现行《公路沥青路面设计规范》（JTG D50）的相关规定，对最终确定的路面养护方案进行路面结构验算。

半刚性材料的设计参数应按现行《公路工程无机结合料稳定材料试验规程》（JTG E51）的规定测定，沥青混合料的设计参数应按现行《公路工程沥青及沥青混合料试验规程》（JTG E20）的规定测定。

7.6 其他设计

7.6.1 本规范主要针对路面养护方案设计及与路面改造相关的其他设施改造设计，

不涉及桥涵改造、隧道改造、路线交叉、环境保护及景观设计等专项设计内容，要求参考相关规范进行设计并编制设计文件后，与本规范设计内容相结合编制施工图设计文件。

7.6.3 公路养护工程一般不涉及路线改线设计，对结构性修复工程，对路面结构进行翻修改造，对原路面高程会产生较大影响，故要求对结构性修复工程进行纵断面设计，而路面横坡可提出设计的原则；而对功能性修复及预防养护工程，一般养护方案都是等厚加铺罩面或铣刨罩面，原路面高程不会发生太大的改变，故不用专门开展纵断面设计。

附录C 全寿命周期费用分析（LCCA）计算方法

C.1 基本要求

C.1.1 在路面养护设计中，寿命周期费用分析是指在养护工程方案比选过程中，不仅要考虑路面的初始费用，而且要全面考虑路面在整个寿命周期（分析期）内发生的各种费用和产生的效益，寻求满足经济优化目标的最佳投资方法。全寿命周期费用分析方法与初始投资经济评价方法的区别见表C-1。

表C-1 全寿命周期费用分析方法与初始投资经济评价方法的比较

分析角度	初始投资经济评价方法	全寿命周期费用分析方法
费用或效益的时间跨度	当前年度	特定的时间范围
所包含费用或效益的范围	初期投资费用	整个分析期内的总费用
经济效益评价	初期投资节省程度	整个分析期内节省的总费用
经济效益评价方法	初期投资费用的比较	考虑资金时间价值，在整个分析期内总费用的比较
与路面使用性能的关系	没关系	考虑各方案在分析期内使用性能衰变规律

C.2 主要内容

C.2.1 调查载客载货量，主要用于计算道路使用者费用中车辆使用费用、货物延误费用及乘客时间延误费用等指标；调查车辆轴载分布情况和预测交通量增长率，主要用于计算路面结构厚度及分析期末路面残值。

C.2.3 分析期的长短会对养护方案的最终确定产生一定的影响：分析期长，许多参数的选择误差就比较大，如养护维修方案组合、交通量预估、使用性能衰变程度等，对后期效益好的方案容易被采用；而分析期短，则可能使某些因素的影响难以体现，对前期效益好的方案容易被采用。

通常情况下，分析期需定得足够长，以便把预期未来可能发生的影响分析结果的主要费用都考虑在内。

C.2.8 路面养护方案长期经济效益比选过程中，对道路使用者费用的考虑往往都是通过预估参数进行计算。而对于相同养护目标的备选养护方案，其对道路使用者的影响程度差别较小；另外，由于日常养护及专项养护工程的及时开展，在分析期内路面提供的服务质量应该可以保持在优良的水平上，道路使用者费用在全寿命周期总费用中所占比例较小。当备选养护方案在交通组织方式上有较大差异时，如是否需要绕行、封闭交通时间等，在道路使用者费用的差异上可能会比较大，故这种情况下应该计算道路使用者费用，并进行比较。而对于其他情况，在缺乏相关数据的情况下，本规范规定可以不计算或统一采用一个合理的数值。

C.2.9 每个路面方案在分析期末其功能并没有完全丧失，还存在残留的价值，这部分价值称为路面残值。路面残值在全寿命周期费用中可看作一种收益，可用图 C-1 表示。由于不同养护方案在分析期末使用性能水平一般不相同，其路面残值也不相同。对于预防养护工程，其对原有路面的寿命延长没有产生明显的作用；而结构性大修和路面重建时，一般认为路面结构寿命已达到终点，故这两种情况下可不计算路面残值，其余情况下需要将路面残值纳入全寿命周期经济比较中。

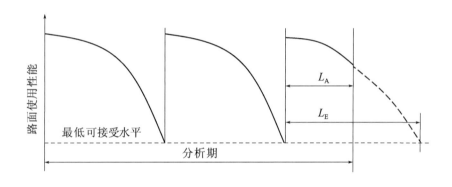

图 C-1 全寿命周期费用分析路面残值计算示例图

C.2.10 贴现率是进行 LCCA 分析时很重要的一个参数，它的选择对于比较方案在经济上的差异有重要影响。一般情况下，贴现率取得低，有利于初期投资大的项目；而贴现率取得高，有利于初期投资小的项目。贴现率一般取 3%~5%。

C.2.13 经济分析结果的可靠性，不仅取决于分析方法的可靠性，还依赖于其他许多因素，如各项费用和效益的估算、各项计算参数的选取等。各项费用和效益，除了初期修建费外，都是未来发生的事件，其估算带有一定的不确定性。不仅价格和数量，所发生的时间也因依赖于对使用性能的预估而往往不准确。

为了了解各项变量对决策的相对影响，需进行敏感性分析，评估各项费用和效益变量以及各项计算参数的变异对方案选择的影响，判别对方案的费用计算影响最大的有哪些，以及影响程度和范围。

敏感性分析的基本过程是：首先依据经验确定影响经济分析结果的主要因素，如贴现率、分析期、养护方案使用寿命、路面残值等；其次对所选择的因素拟定相应的变化范围；然后分析这些因素在所定范围内变化时各方案经济分析结果的差异。

公路工程现行标准、规范、规程、指南一览表

(2019 年 1 月)

序号	类别	编号	书名(书号)	定价(元)
1	基础	JTG 1001—2017	公路工程标准体系(14300)	20.00
2		JTG A02—2013	公路工程行业标准制修订管理导则(10544)	15.00
3		JTG A04—2013	公路工程标准编写导则(10538)	20.00
4		JTJ 002—87	公路工程名词术语(0346)	22.00
5		JTJ 003—86	公路自然区划标准(0348)	16.00
6		JTG B01—2014	★公路工程技术标准(活页夹版,11814)	98.00
7		JTG B01—2014	★公路工程技术标准(平装版,11829)	68.00
8		JTG B02—2013	公路工程抗震规范(11120)	45.00
9		JTG/T B02-01—2008	公路桥梁抗震设计细则(13318)	45.00
10		JTG B03—2006	公路建设项目环境影响评价规范(13373)	40.00
11		JTG B04—2010	公路环境保护设计规范(08473)	28.00
12		JTG B05—2015	★公路项目安全性评价规范(12806)	45.00
13		JTG B05-01—2013	公路护栏安全性能评价标准(10992)	30.00
14		JTG B06—2007	公路工程基本建设项目概算预算编制办法(06903)	26.00
15		JTG/T B06-01—2007	★公路工程概算定额(06901)	110.00
16		JTG/T B06-02—2007	★公路工程预算定额(06902)	138.00
17		JTG/T B06-03—2007	★公路工程机械台班费用定额(06900)	24.00
18		JTG/T B07-01—2006	公路工程混凝土结构防腐蚀技术规范(13592)	30.00
19		JTG/T 6303.1—2017	收费公路移动支付技术规范 第一册 停车移动支付(14380)	20.00
20		JTG B10-01—2014	公路电子不停车收费联网运营和服务规范(11566)	30.00
21		交通运输部 2011 年	公路工程项目建设用地指标(09402)	36.00
22	勘测	JTG C10—2007	★公路勘测规范(06570)	40.00
23		JTG/T C10—2007	★公路勘测细则(06572)	42.00
24		JTG C20—2011	公路工程地质勘察规范(09507)	65.00
25		JTG/T C21-01—2005	公路工程地质遥感勘察规范(0839)	17.00
26		JTG/T C21-02—2014	公路工程卫星图像测绘技术规程(11540)	25.00
27		JTG/T C22—2009	公路工程物探规程(1311)	28.00
28		JTG C30—2015	★公路工程水文勘测设计规范(12063)	70.00
29	设计	公路	JTG D20—2017	公路路线设计规范(14301)	80.00
30			JTG/T D21—2014	公路立体交叉设计细则(11761)	60.00
31			JTG D30—2015	★公路路基设计规范(12147)	98.00
32			JTG/T D31—2008	沙漠地区公路设计与施工指南(1206)	32.00
33			JTG/T D31-02—2013	★公路软土地基路堤设计与施工技术细则(10449)	40.00
34			JTG/T D31-03—2011	★采空区公路设计与施工技术细则(09181)	40.00
35			JTG/T D31-04—2012	多年冻土地区公路设计与施工技术细则(10260)	40.00
36			JTG/T D31-05—2017	黄土地区公路路基设计与施工技术规范(13994)	50.00
37			JTG/T D31-06—2017	季节性冻土地区公路设计与施工技术规范(13981)	45.00
38			JTG/T D32—2012	★公路土工合成材料应用技术规范(09908)	50.00
39			JTG/T 3334—2018	公路滑坡防治设计规范(15178)	55.00
40			JTG D40—2011	★公路水泥混凝土路面设计规范(09463)	40.00
41			JTG D50—2017	★公路沥青路面设计规范(13760)	50.00
42			JTG/T D33—2012	公路排水设计规范(10337)	40.00
43		桥隧	JTG D60—2015	★公路桥涵设计通用规范(12506)	40.00
44			JTG/T 3360-01—2018	公路桥梁抗风设计规范(15231)	75.00
45			JTG/T 3360-03—2018	公路桥梁景观设计规范(14540)	40.00
46			JTG D61—2005	公路圬工桥涵设计规范(13355)	30.00
47			JTG 3362—2018	公路钢筋混凝土及预应力混凝土桥涵设计规范(14951)	90.00
48			JTG D63—2007	公路桥涵地基与基础设计规范(06892)	48.00
49			JTG D64—2015	★公路钢结构桥梁设计规范(12507)	80.00
50			JTG D64-01—2015	公路钢混组合桥梁设计与施工规范(12682)	45.00
51			JTG/T D65-01—2007	公路斜拉桥设计细则(1125)	28.00
52			JTG/T D65-04—2007	公路涵洞设计细则(06628)	26.00
53			JTG/T D65-05—2015	公路悬索桥设计规范(12674)	55.00
54			JTG/T D65-06—2015	公路钢管混凝土拱桥设计规范(12514)	40.00
55			JTG D70—2004	公路隧道设计规范(05180)	50.00
56			JTG/T D70—2010	★公路隧道设计细则(08478)	66.00
57			JTG D70/2—2014	公路隧道设计规范 第二册 交通工程与附属设施(11543)	50.00

续上表

序号	类别	编 号	书名（书号）	定价（元）
58	桥隧	JTG/T D70/2-01—2014	公路隧道照明设计细则(11541)	35.00
59		JTG/T D70/2-02—2014	公路隧道通风设计细则(11546)	70.00
60	交通工程	JTG D80—2006	高速公路交通工程及沿线设施设计通用规范(0998)	25.00
61	设计	JTG D81—2017	公路交通安全设施设计规范(14395)	60.00
62		JTG/T D81—2017	公路交通安全设施设计细则(14396)	90.00
63		JTG D82—2009	公路交通标志和标线设置规范(07947)	116.00
64	综合	交办公路[2017]167号	国家公路网交通标志调整工作技术指南(14379)	80.00
65		交公路发[2007]358号	公路工程基本建设项目设计文件编制办法(06746)	26.00
66		交公路发[2015]69号	公路工程特殊结构桥梁项目设计文件编制办法(12455)	30.00
67	检测	JTG E20—2011	公路工程沥青及沥青混合料试验规程(09468)	106.00
68		JTG E30—2005	公路工程水泥及水泥混凝土试验规程(13319)	55.00
69		JTG E40—2007	★公路土工试验规程(06794)	90.00
70		JTG E41—2005	公路工程岩石试验规程(13351)	30.00
71		JTG E42—2005	公路工程集料试验规程(13353)	50.00
72		JTG E50—2006	★公路工程土工合成材料试验规程(13398)	40.00
73		JTG E51—2009	公路工程无机结合料稳定材料试验规程(08046)	60.00
74		JTG E60—2008	公路路基路面现场测试规程(07296)	50.00
75		JTG/T E61—2014	公路路面技术状况自动化检测规程(11830)	25.00
76	施工	公路	JTG F10—2006	公路路基施工技术规范(06221)	50.00
77			JTG/T F20—2015	★公路路面基层施工技术细则(12367)	45.00
78			JTG/T F30—2014	公路水泥混凝土路面施工技术细则(11244)	60.00
79			JTG/T F31—2014	公路水泥混凝土路面再生利用技术细则(11360)	30.00
80			JTG F40—2004	★公路沥青路面施工技术规范(05328)	50.00
81			JTG F41—2008	公路沥青路面再生技术规范(07105)	40.00
82		桥隧	JTG/T F50—2011	★公路桥涵施工技术规范(09224)	110.00
83			JTG/T F81-01—2004	公路工程基桩动测技术规程(14068)	30.00
84			JTG F60—2009	公路隧道施工技术规范(07992)	55.00
85			JTG/T F60—2009	公路隧道施工技术细则(07991)	70.00
86		交通	JTG F71—2006	★公路交通安全设施施工技术规范(13397)	30.00
87			JTG/T F72—2011	公路隧道交通工程与附属设施施工技术规范(09509)	35.00
88	质检安全		JTG F80/1—2017	公路工程质量检验评定标准 第一册 土建工程(14472)	90.00
89			JTG F80/2—2004	公路工程质量检验评定标准 第二册 机电工程(05325)	40.00
90			JTG G10—2016	公路工程施工监理规范(13275)	40.00
91			JTG F90—2015	★公路工程施工安全技术规范(12138)	68.00
92	养护管理		JTG H10—2009	公路养护技术规范(08071)	60.00
93			JTJ 073.1—2001	公路水泥混凝土路面养护技术规范(13658)	20.00
94			JTJ 073.2—2001	公路沥青路面养护技术规范(13677)	20.00
95			JTG H11—2004	公路桥涵养护规范(05025)	40.00
96			JTG H12—2015	公路隧道养护技术规范(12062)	60.00
97			JTG H20—2007	公路技术状况评定标准(13399)	25.00
98			JTG 5421—2018	公路沥青路面养护设计规范(15201)	40.00
99			JTG/T H21—2011	★公路桥梁技术状况评定标准(09324)	46.00
100			JTG H30—2015	公路养护安全作业规程(12234)	90.00
101	加固设计与施工		JTG/T J21—2011	公路桥梁承载能力检测评定规程(09480)	20.00
102			JTG/T J21-01—2015	公路桥梁荷载试验规程(12751)	40.00
103			JTG/T J22—2008	公路桥梁加固设计规范(07380)	52.00
104			JTG/T J23—2008	公路桥梁加固施工技术规范(07378)	40.00
105	改扩建		JTG/T L11—2014	高速公路改扩建设计细则(11998)	45.00
106			JTG/T L80—2014	高速公路改扩建交通工程及沿线设施设计细则(11999)	30.00
107	造价		JTG 3810—2017	公路工程建设项目造价文件管理导则(14473)	50.00
108			JTG M20—2011	公路工程基本建设项目投资估算编制办法(09557)	30.00
109			JTG/T M21—2011	公路工程估算指标(09531)	110.00
110			JTG/T M72-01—2017	公路隧道养护工程预算定额(14189)	60.00
1	技术指南		交公便字[2006]02号	公路工程水泥混凝土外加剂与掺合料应用技术指南(0925)	50.00
2			交公便字[2009]145号	公路交通标志和标线设置手册(07990)	165.00

注：JTG——公路工程行业标准体系；JTG/T——公路工程行业推荐性标准体系；JTJ——仍在执行的公路工程原行业标准体系。
批发业务电话:010-59757973;零售业务电话:010-85285659(北京);网上书店电话:010-59757908;业务咨询电话:
010-85285922。